Anne-Maria Apelt & Nicole Schweiger

Im Einklang mit dem Jahreskreis

Ein ganzheitlicher Begleiter – Rituale, Feste und kreative Ideen in Verbundenheit mit der Natur

Anne-Maria Apelt & Nicole Schweiger

IM EINKLANG MIT DEM JAHRESKREIS

Ein ganzheitlicher Begleiter

Rituale, Feste und kreative Ideen
in Verbundenheit mit der Natur

adeo

INHALT

1. WINTER

NOVEMBER

DEZEMBER

JANUAR

2. FRÜHLING

FEBRUAR

MÄRZ

JUNI

JULI

4. HERBST

AUGUST

Was dieses Buch dir bietet

Willkommen! Wie schön, dass du *Im Einklang mit dem Jahreskreis* gefunden hast. Du hältst gerade einen Schatz in deinen Händen. Dieses Buch möchte dich bereichern – ein ganzes Jahr hindurch und vielleicht weit darüber hinaus. Vor dir liegt ein „grüner" spiritueller Begleiter, der dich mit inhaltlichen Impulsen und konkreten Ritualen durch ein ganzes Jahr führt. Es ist ein Praxisbuch, das dich einladen möchte, tiefer in den Rhythmus des alten Kalender- und Kirchenjahres einzutauchen, (wieder) mehr Zugang zu diversen Ritualen und Festen zu bekommen, die wir im Lauf des Jahres feiern, und ihre Bedeutung neu zu erschließen. Entdecke die Verbindung von Natur und spiritueller christlicher Praxis neu und erschließe sie dir ganz persönlich. Unser Anliegen ist es, dich mit diesem Buch zu ermutigen, die Schätze der verschiedenen Traditionen zu heben, sie miteinander zu verbinden – wie es beispielsweise bereits das keltisch-mystische Christentum tat – und sie so in dein Leben zu integrieren, wie es für dich am besten passt. Du wirst entdecken, dass wir viele vergessene Kostbarkeiten dieser Spiritualität wiederentdeckt haben.

Für jede Woche des Jahres findest du in *Im Einklang mit dem Jahreskreis* einen spirituellen Impuls und eine Kreatividee. Der Impuls greift sowohl Ereignisse des Kirchenjahres wie auch des Kalenderjahres auf und setzt die kirchlichen Feste in Bezug zu Natur, Wildniswissen und keltischem Brauchtum. Ergänzt wird der spirituelle Impuls von einer DIY-Idee zur kreativen Umsetzung, einer Naturerfahrung oder Meditation. So hast du die Möglichkeit, dich selbst aktiv mit den vier Jahreszeiten und ihren tieferen Bedeutungen auseinanderzusetzen.

Wie du dieses Buch nutzen kannst

Tagebuch, Sitzplatz, Jahreszeitentisch und Webrahmen

Wir verstehen *Im Einklang mit dem Jahreskreis* als eine Art Schatzkiste, aus der du dir nimmst, was dein Leben bereichert. So kann es als spirituelle Begleitung für Einzelne oder auch für Gruppen dienen. Die Anregungen eignen sich ebenfalls für Familien, die gemeinsam tiefer in Naturerfahrungen eintauchen möchten. Denkbar ist auch, das Buch als Impulsbuch für Hauskreise, Gemeinden oder andere Gruppen zu nutzen.

Der Kontakt mit der Natur hat das Potenzial, uns zu verändern. Probier es aus. Es ist empfehlenswert, parallel zu den Erfahrungen Notizen oder *Tagebuch* zu führen. Gut ist es auch, einen festen Platz in der Natur zu haben, den du jede Woche etwa eine Stunde lang aufsuchst und an dem du mit dir allein sein kannst. Das mag ein Baum bei dir am Haus sein, eine Bank mit weitem Ausblick oder ein Unterholz im Wald. Regelmäßig Zeit an einem festen sogenannten *Sitzplatz* zu verbringen, hilft dir, der Natur sehr nah zu kommen und den Jahresverlauf zutiefst zu spüren.

Mit welchem Kapitel du beginnst, ist dir überlassen. Das Buch kann an jeder beliebigen Stelle aufgeschlagen und Jahr um Jahr benutzt werden. Je nach Geografie und Vegetation sind die Impulse gerade passend oder nicht. Wir laden dazu ein, flexibel damit umzugehen. Es ist möglich, Kapitel zu überspringen, vorzuziehen oder nachzuordnen, denn die Vegetationsperioden oder die Datierung der Feste, die sich nach den Mondphasen richten (wie zum Beispiel das Osterfest), sind von Jahr zu Jahr verschieden. Außerdem bauen die Impulse nicht zwangsläufig aufeinander auf.

Du wirst möglicherweise nicht jede Anregung für jede Woche gleichermaßen wahrnehmen, weil die Vegetation je nach Region unterschiedlich gedeiht, das Leben es gerade nicht zulässt oder der Inhalt für dich gerade nicht passt. Macht nichts. Begreife es einfach als eine schöne Gelegenheit, *Im Einklang mit dem Jahreskreis* im nächsten Jahr neu zu entdecken und an die Erfahrungen, die du bereits gemacht hast, neu anzuknüpfen. Vielleicht suchst du bei dir zu Hause einen festen Platz, an dem das Buch liegen und im Verlauf der Wochen durchgeblättert werden kann.

Es gibt neben dem *Sitzplatz* und dem *Tagebuch* weitere schöne, jahreszeitenübergreifende Bräuche, mit denen du dir den Wandel der Natur ins Haus holen kannst. Dafür sammelst du die Geschenke von Wald und Wiese und gestaltest, was dich berührt. Die Inspiration durch das Außen bringt dich ins kreative Handeln. Es entsteht quasi ein Ausdruck vom Eindruck. Zwei solcher Möglichkeiten möchten wir bereits hier aufzeigen – sozusagen als Appetitmacher auf alles, was noch folgt.

Der Jahreszeitentisch

Vielleicht kennst du den Jahreszeitentisch aus der Waldorfpädagogik. Dieser besondere Platz in Haus, Kita oder Schule möchte Kindern den Wechsel der Jahreszeiten anschaulich und begreifbar machen. Als junge Mutter habe ich – Nici – einen solchen Ort für unser Zuhause geschaffen und ihn selbst lieben gelernt. So ist der

Jahreszeitentisch – auch nachdem unsere Töchter den Kinderschuhen entwachsen sind – immer noch fester Bestandteil unseres Hauses. Ich gehe bewusst durch die Natur, wenn ich Ausschau nach Gestaltungselementen halte, und genieße es, dem Wandel der Jahreszeiten Ausdruck zu verleihen. Vielleicht bist du jetzt neugierig geworden, was es damit eigentlich auf sich hat. Deshalb findest du an dieser Stelle eine kleine Einführung in das Thema „Jahreszeitentisch".

Zunächst einmal: Es muss nicht zwingend ein Tisch sein. Und auch die Auswahl des Raumes ist ganz dir und den individuellen Gegebenheiten deines Zuhauses überlassen. Bei uns wird beispielsweise ein Fensterbrett im Eingangsbereich gestaltet. Du kannst dich auch für eine Kommode oder ein Regal entscheiden, im Wohn-, Kinderzimmer oder in der Küche dekorieren.

Wichtigstes Kennzeichen des Jahreszeitentisches: Er ist dynamisch wie der Wandel der Natur vor deiner Haustür. Wenn du Kinder hast, dürfen sie ihn selbstverständlich mitgestalten. Er ist kein Altar oder Heiligtum, sondern ein lebendiges Abbild deiner Umwelt und soll dich und deine Familie zur aktiven Auseinandersetzung mit den vier Jahreszeiten und ihren Festen inspirieren.

Als Grundlage dienen bunte Tücher aus Seide oder Baumwolle in den Farben der aktuellen Jahreszeit, die du auf den zu gestaltenden Untergrund legst. Verwende gern auch mehrere Farbtöne, glatt oder gewunden, wie es dir gefällt. Es sieht auch schön aus, wenn man ein Tuch an der Wand über dem Jahreszeitentisch befestigt und locker herunterhängen lässt. Ganz nach Geschmack kannst du jetzt beginnen, den Tisch zu füllen. Vielleicht ist er erst einmal minimalistisch und wächst im Laufe der nächsten Wochen. Überlasse die Gestaltung deiner eigenen Intuition und Kreativität.

Ich möchte dir nur ein paar Anregungen geben, welche Elemente ich gerne in unseren Jahreszeitentisch integriere:

- Blumen/Pflanzen
- was die Natur sonst noch gerade bietet, z. B. Hölzer, Nüsse, Muscheln, Blätter, Beeren, Ähren, Moos, Wurzeln, Kastanien …
- (Edel-)Steine
- eine Kerze
- eine gerahmte Jahreszeitenpostkarte/ein Kunstdruck
- ein Gedicht/Sprichwort
- Filzfiguren, etwas Getöpfertes, je nach religiöser Prägung Symbole

Wenn du nach der Gestaltung deines Jahreszeitentisches noch Naturmaterial, Zeit und kreative Schaffenskraft übrig hast, kannst du einen *Webrahmen* gestalten, der sich auch gut in den Jahreszeitentisch integrieren lässt.

Überlege zunächst, wie groß der Rahmen werden soll, und suche dann vier etwa gleich lange dünne Äste. Arrangiere diese am besten auf einem Tisch vor dir zu einem Rechteck und verbinde die jeweiligen Enden mit Paketschnur miteinander. Spare dabei nicht an Schnur und prüfe die Stabilität des Rahmens. Er sollte ziemlich stabil sein. Jetzt wickelst du die restliche Schnur in Abständen von etwa 1–2 cm einmal längs und einmal quer um den Rahmen. Fertig! Nun kann der Webrahmen mit allem bestückt werden, was die Natur gerade hergibt. Selbst im Winter lassen sich mit Kiefer- und Hagebuttenzweigen oder Schneebeeren Farbtupfer einweben. Nimm, was Wald und Wiese dir schenken, und gehe dabei behutsam vor, um keiner Pflanze zu schaden.

Nun wünschen wir dir viel Freude mit diesem Buch und deiner Reise durch die Jahreszeiten.

Hinter diesem Symbol findest du Texte von Anne-Maria, Nici hat ihre Impulse und DIYs durch gekennzeichnet.

Von Herzen
Anne-Maria & Nici

WINTER

„In der Stille und
Geduld des Winters
liegt die Kraft
für das Neue.“

MONIKA MINDER

NOVEMBER

Impuls: Die Verbindung spüren

Dem goldenen Oktober folgen die Nebel des Novembers. Die Natur zieht ein mystisches Kleid an, das Licht der Tage kann sich immer weniger gegen die Dunkelheit des sich ankündigenden Winters durchsetzen. Die Tage werden kürzer. Die Vegetation zieht sich zurück. Urgewalten werden präsenter, Novemberstürme lassen sie spürbar werden. Die Ernte ist beendet, nun wird sich zeigen, ob gut vorgesorgt worden ist. Die Menschen ziehen sich in die Häuser zurück an ihre Herde, Öfen und Kamine und andere Wärmequellen. Der Schutz der Behausungen sichert ebenfalls das Überwintern. Im Schein der Kerzen und Lampen widmet man sich dem häuslichen Handwerk, der Kunst, der Literatur, der Pause. Noch knapp zwei Monate bis zur Wintersonnenwende, bis Weihnachten. Bis dahin wird jeden Tag deutlicher spürbar sein, wie die Tage kürzer werden.

Diese Zeit eignet sich sehr gut für die eigene Rückschau, dazu, sich nach dem geschäftigen Treiben des Herbstes zu sammeln. In unserer heutigen Zeit, in der die Arbeit in Haus oder Büro immer öfter das ganze Jahr hindurch gleichförmig ist, hat sich das Gefühl für diese „natürliche" Pausenzeit verflüchtigt. Vielmehr ist oft das Gegenteil der Fall: Der November erhöht das Arbeitstempo des Oktobers noch einmal, und bis Weihnachten jagt eine Deadline die nächste. Für moderne Menschen ist es oft keine Zeit der Besinnung, sondern der Besinnungslosigkeit.

Doch der November in seinem Kleid – so ist mein Eindruck über die Jahre – nimmt auf Termine keine Rücksicht. Die Zeit selbst fordert ihre Aufmerksamkeit ein. So werde ich jedes Jahr aufs Neue eingeladen, mich dem Takt der Natur mehr hinzugeben, meinen Alltag mehr und mehr im Einklang damit zu gestalten.

Wie eine Einladung in diese besondere Zeit steht am Anfang ein altes Fest, Samhain, der Jahresanfang der Kelten. Die Nacht vom letzten Oktobertag auf den ersten November ist für die Kelten die Nacht der Ahnen. Man sagt, dass die „Wand“ zwischen der hiesigen Welt und der Welt der bereits Verstorbenen besonders dünn, durchlässig, fühlbar, ist. Nicht grundlos verkleiden sich an dem Abend die Kinder in Geistergestalten oder schnitzen Fratzen in Kürbisse und fordern: „Süßes! Sonst gibt es Saures.“ Ich glaube zwar nicht, dass mir meine Vorfahren als Schreckgestalten begegnen werden, fühle aber in dieser besonderen Zeit eine Verbindung oder auch eine starke Erinnerungskultur an die, die vor mir auf dieser Erde gegangen sind. Die Katholiken feierten übrigens auch rund um den 1. November ein Totengedenken: Allerheiligen. Ich freue mich, dass nun die Zeit da ist, mich zu erinnern. Mit Fotoalben, mit Geschichten, mit Erinnerungen oder manchmal auch mit Legenden aus der eigenen Familie kommt mir meine eigene Geschichte näher, ich verstehe einmal besser, woher ich komme.

In diese Zeit fallen auch evangelische Gedenktage an die Toten, der Totensonntag oder Ewigkeitssonntag. Auch der Volkstrauertag liegt in dieser besonderen Zeit. Mahnmahl und Einladung zur kollektiven Erinnerung und eine schöne Gelegenheit, die Gräber der Vorfahren zu schmücken, bevor sich die Schneedecke des Winters auf alles legt.

Vielleicht kann man das auch symbolisch sehen: Ehe sich die Schneedecke des Vergessens auf alles legt, lädt der Anfang des Winters dazu ein, sich zu erinnern: Woher komme ich? Was hat mich geprägt? Was hat mich glücklich gemacht, bestärkt, ermutigt? Wo sehe ich Wunden, spüre Verletzungen – auch beigebracht durch die Vorfahren? Zeit, auf den Friedhof zu gehen, mich ans Grab meiner Vorfahren zu setzen, und zu „plaudern". Es ist eine gute Zeit, um im Kontakt mit den Vorfahren zu sein. Sie in die eigenen Gedanken einzubeziehen, sich zu erinnern. An Erlebnisse, an Macken, an Freude und Trauer. Vielleicht auch Zeit zu verzeihen. Oder etwas auch abzuschließen. Es ist Zeit für die Auseinandersetzung. Zu all dem lädt Samhain ein.

Und warum beginnt dieses Buch ausgerechnet mit dem November? Sicherlich nicht aus meiner persönlichen Empfindung heraus, dass diesem Monat zu wenig Beachtung geschenkt wird. Der Grund ist vielmehr, dass mit dem ersten November auch das Neujahrsfest der Kelten gefeiert wurde. In den christlichen Kirchen beginnt wenig später das neue Kirchenjahr. Es ist nicht verwunderlich, dass die Kelten das alte Jahr genau in dieser Novemberzeit enden und das neue beginnen ließen. Und das Neue, das beginnt bekanntlich auch im Dunkeln. Jedes Baby, jedes Samenkorn ist Zeuge davon. So beginnen wir dieses neue Buch in der tiefsten Dunkelheit, verbunden mit den Traditionen der Altvorderen. Willkommen.

Naturerfahrung mit dem Mond

Wir schauen zusammen zum Mond. Vielleicht denkst du jetzt: „Oh nein, jetzt kommt so was ‚typisch abgedreht Esoterisches'." Ja und nein: In der Tat, der Mond hat in allen Zeiten der Menschheit eine Faszination ausgelöst. Vielleicht kennst du *Peterchens Mondfahrt,* die Geschichte *Der kleine Häwelmann* oder andere Märchen und Erzählungen, in denen es um den Mond geht. Besungen wurde er tausendfach! In der Astronomie ist der Erdtrabant ein gutmütiger Geselle, der große Kraft auf die Wasserzyklen der Erde hat – Ebbe und Flut. Er ist Zeitengeber (Monat) und Vegetationsbeeinflusser (darum gärtnern manche Menschen nach dem Mondkalender). Und ich bin mir sicher: Der Mond übt Einfluss auch auf die Menschen aus, die ja zum größten Teil aus Wasser bestehen.

Sicher hast du dir die Frage gestellt, wo Glaube und Wissenschaft dabei zusammenkommen. Ich spreche aus meiner Erfahrung, dass der Mond für mich nicht nur ein Himmelskörper ist, sondern auch mein Leben und meine Psyche beeinflusst: Mein Zyklus ist wie die Mondphasen, das Leben hat auch vier große Phasen, sogar jeder einzelne Tag ist wie der Mondzyklus. Und ja: Der Mond ist mir ein Lehrer in der Übung der Erneuerung und Transformation. Ich bin nicht unabhängig von dem Einfluss des Erdtrabanten.

Wenn du herausfinden möchtest, ob das auch für dich zutrifft, kannst du (so du nicht schwanger bist) mit dem Mondkalender ein paar Zyklen lang beobachten und notieren, wie sich deine Stimmung, Wohlbefinden, Energielevel, sexuelle Kraft, Träume ändern oder wandeln. Zum einen den Zyklus selbst und den Zyklus in Abhängigkeit zu den Mondphasen. Vielleicht heulst du dann auch mit dem Mond?

Dass der Vollmond die eine oder andere nicht schlafen lässt und Geburten zu dieser Zeit häufiger vorkommen, ist bereits Allgemeinwissen.

Für mich ist der Neumond, das wahre Rätsel unter den Mondrätseln, etwas ganz besonderes. Der Begriff Neumond (lateinisch interlunium), in der Schweiz auch Leermond, bezeichnet die mit bloßem Auge nicht erkennbare Lichtgestalt (Mondphase) des Mondes, wenn sich dieser zwischen Erde und Sonne befindet.

Die letzte sichtbare Phase vor dem Neumond heißt Altlicht. Danach sehen wir den Mond eine kurze Zeit lang nicht. Er ist unsichtbar. Und für einen wirklichen Moment verschwunden – um sich dann zu erneuern. Natürlich ist der Mond immer da, wir sehen ihn aufgrund des fehlenden Sonnenlichts in diesem Moment nicht. Aber die kleine Lücke übt Kraft auf mich aus und animiert mich selbst, mich von Zeit zu Zeit zu fragen, wie es um meine innere Erneuerung steht. Der Neumond steht für Veränderung.

In der Phase vor Neumond geht es mir häufig so: Ich bin aufgekratzt, etwas widerborstig, manchmal spüre ich ein Ungleichgewicht in mir. Mir fällt es schwer, Dinge loszulassen, gehen zu lassen, ich klammere mich an das letzte Altlicht, aber ich ahne, dass ein Wandel nötig ist. Und deswegen liebe ich den Neumond, denn pünktlich an diesem Tag ist es, als würde mir nichts übrig bleiben, als die Hände aufzumachen und loszulassen. Transformation. Ich freu mich auf den Neumond.

Wie ist deine Beziehung zum Mond?

Seht ihr den Mond dort stehen?
Er ist nur halb zu sehen,
Und ist doch rund und schön!
So sind wohl manche Sachen,
Die wir getrost belachen,
Weil unsre Augen sie nicht sehn.

Matthias Claudius, 1783

Impuls: Für sich und andere Licht sein

Der Titel dieses Impulses klingt wie eine Aufforderung. Es klingt beim ersten Lesen nach „Noch-mehr-leisten-Müssen". Denn jetzt „muss" ich nicht nur mich selbst motivieren, ermutigen, anschubsen, sondern auch noch die anderen? Ich stimme dir zu: Imperative haben wir genug im Leben. Antreiber, fälschliche Motivatoren, die uns zu einem „Höher – Schneller – Weiter" animieren wollen, eben dazu, eine „Leuchte" zu sein.

Meiner Meinung nach geht es nicht darum, „besser zu werden", sondern tiefer zu verstehen. Sich selbst und andere, seine Mitwelt. Dann wird man automatisch einen guten Platz einnehmen in der Gesellschaft, im persönlichen Umfeld. Man wird die eigene Rolle gemäß der eigenen Persönlichkeit füllen können. Und das schließt nicht aus, auch Weltgeschehen mit zu beeinflussen. Aber vor allem bedeutet es, an Ort und Stelle sich selbst einzubringen und damit an Ort und Stelle mitzugestalten. Es ist eine lebenslange Aufgabe, Entdeckungsreise, Spannung, immer wieder dieses „Sosein" zu erforschen und einzubringen. Ich nenne dies „Licht sein". Oder wie die Bibel es sagt: „Sein Licht nicht unter einen Scheffel stellen".

Um mich zu verstehen, um zu entdecken, wie es ist, nicht nur ein Leuchter zu sein, sondern was lichtvoll an mir selbst ist, ist es unvermeidlich, auch die Kehrseite zu kennen: die eigenen Schatten. In gewisser Hinsicht ist es notwendig, seine eigene Dunkelheit zu erfassen. Die eigene Nacht, die Schattenseite, Traurigkeit oder auch Unerlöstheit.

Welcher Ort eignet sich besser dafür als die Nacht selbst? Die Nacht, die Dunkelheit, die uns birgt und schützt, die uns verborgen hält. In ihr kann man sein, wie man ist, dürfen alle Gefühle sein, wie sie sind. Darf alles gefühlt werden, darf alles in dir sichtbar werden, was im Außen noch verborgen liegt. Die Dunkelheit ist ein Trostort, ein Schutzraum. Hier haben unsere Träume Platz, unser Unterbewusstsein. Die Intuition. Ein Ort des Aushaltens, des Wartens, des Verarbeitens. Vielleicht auch ein Ort der Wildheit, der Ungezähmtheit. Es ist die Zeit der wilden Tiere wie Marder, Fledermaus, Katzen, Eulen – die soll es ja auch unter den Menschen geben.

Die Dunkelheit ist aber auch ein Ort kollektiver Angst. Vor allem Angst der Frauen. Angst, dass etwas zustoßen könnte. Angst, das jemand mich bedroht. Weil es im Verborgenen liegt. Nicht aufgedeckt ist.

Was löst die Dunkelheit bei dir aus? Ist sie dein Schutz, dein Hort? Oder ist sie dein Angstort? Ich lade dich ein, dich auf die Spur deiner Schattenarbeit zu machen. In Naturritualarbeit und Prozessbegleitung, wie zum Beispiel in der Visionssuche, habe ich die Erfahrung machen können, dass die Auseinandersetzung mit der Dunkelheit echte Schätze birgt. Und meine bis heute: Die eigene Nacht zu kennen, ist existenziell, wenn es darum geht zu leuchten.

Um dich besser wahrzunehmen, lade ich dich ein, etwas auszuprobieren: Geh hinaus in die Natur. Abends, wenn der Tag sich neigt. Geh so los, dass noch gut eine Stunde Tageslicht bleibt. Nimm dir eine Decke und ein warmes Getränk mit, eine Sitzunterlage. Such dir in der Natur einen Ort, der dir gefällt und wo du dich sicher fühlst, um die Nacht abzuwarten. Es muss nicht weit weg von der Zivilisation sein, aber es sollte ermöglichen, dass du einmal im Dunkeln sitzen kannst. Natürlich darfst du eine Lampe dabeihaben, sodass du dir jederzeit Licht machen kannst. Setz dich dann an den Ort, den du dir ausgesucht hast, und warte die Dunkelheit ab. Kuschel dich ein und lausche in die Nacht. Nach ca. 30 Minuten wird die Natur um dich herum sich normalisiert haben, die Tiere und Pflanzen werden sich an dich gewöhnt haben.

Höre, spüre, erfahre die Dunkelheit. Was geht dir durch Bauch und Herz? Was gibt es zu sehen und zu spüren. Wer bist du in der Nacht?

Vielleicht ist es gut, diese Übung mit jemandem zusammen zu machen, dem du vertraust, wenn du ahnst, dass die Dunkelheit „nicht so dein Ding“ ist. Zumindest ist es gut, wenn dich jemand zu Hause erwartet und du deine Erfahrung teilen kannst. Ich bin mir sicher, dass die Dunkelheit das Licht hervorbringt.

Kaum jemand hat diesen Zusammenhang besser ausgedrückt als die amerikanische Autorin und spirituelle Lehrerin Marianne Williamson. Danke, Marianne Williamsson für diese tiefen Erkenntnisse:

Unsere tiefste Angst ist nicht, dass wir unzulänglich sind.
Unsere tiefste Angst ist, dass wir unermesslich machtvoll sind.
Es ist unser Licht, das wir fürchten, nicht unsere Dunkelheit.
Wir fragen uns: Wer bin ich eigentlich,
dass ich leuchtend, hinreißend,
talentiert und fantastisch sein darf?
Wer bist du denn, es nicht zu sein?
Du bist ein Kind Gottes.
Dich selbst kleinzuhalten, dient der Welt nicht.
Es hat nichts mit Erleuchtung zu tun,
wenn du dich kleiner machst,
damit andere um dich herum sich nicht verunsichert fühlen.
Wir sollen alle strahlen wie die Kinder.

Wir wurden geboren, um die Herrlichkeit Gottes zu verwirklichen,
die in uns ist. Sie ist nicht nur in einigen von uns;
sie ist in jedem Einzelnen.
Und wenn wir unser eigenes Licht erstrahlen lassen,
geben wir unbewusst anderen Menschen die Erlaubnis,
dasselbe zu tun.
Wenn wir uns von unserer eigenen Angst befreit haben,
befreit unsere Gegenwart andere ganz von selbst.

DIY: Herbstblätterleuchten – eine Lichterkette für dunkle Tage

Im November zeigt sich der Herbst oft von seiner trüben Seite. Das prächtige bunte Laub an den Bäumen wird weniger, ebenso wie die Anzahl der Sonnenstunden. Nebel liegt über den Feldern, und die Wege sind voller nasser braun verfärbter Blätter.

Mitten in diese ungemütliche Zeit fällt ein erstes Lichterfest: Sankt Martin. Am Gedenktag des heiligen Martin von Tours ziehen vielerorts Kindergruppen mit ihren leuchtenden Laternen singend durch die Dämmerung und bringen Licht in die Welt, nach dem wir uns gerade so dringend sehnen. Es folgen der Luciatag am 13. Dezember und die Adventssonntage, die mit jeder neu entzündeten Kerze ein wenig heller werden, bis schließlich am Heiligen Abend das Licht der Welt wiedergeboren wird.

Unser Bedürfnis nach mehr Licht und Wärme im kalten, dunklen November führt häufig dazu, dass die Weihnachtszeit vorzeitig in den Häusern einzieht. Die ersten Schwibbögen und Pyramiden beginnen schon zu leuchten. Dabei hat der stille, eher farblose November durchaus seine Berechtigung. Rückzug und Reduktion auf das Wesentliche tun unserem Körper und unserer Seele gut, bevor die quirlige Weihnachtszeit mit ihren Märkten, Feiern, Plätzchen und Lebkuchen beginnt. Aber Stille und Dunkelheit sind nicht immer einfach auszuhalten.

Holen wir uns doch ein wenig Licht in unser Zuhause, ohne schon den Weihnachtsschmuck auszupacken, und lassen wir das Blätterleuchten des Herbstes noch einmal aufleben.

Du benötigst dafür:

- eine einfache Lichterkette
- dünne Papiertütchen (z. B. kleine Frühstückstüten) entsprechend der Leuchtbirnenanzahl
- gepresste Blätter
- Wachsmalkreiden oder Buntstifte
- eine Schere

Anleitung:

1. Lege das Herbstlaub in die Papiertüten und fahre mit Wachsmalkreide oder Buntstiften darüber, sodass sich die Blattstrukturen abbilden. Du kannst ein oder mehrere Blätter pro Tüte verwenden und farblich nach deinem persönlichen Geschmack eher zurückhaltend oder bunt gestalten. Alternativ lassen sich die kleinen Tüten auch mit herbstlichen Motiven bestempeln.
2. Schneide dann mit der Schere die Böden (= geschlossene Seite) senkrecht ein, sodass sich die Tüten über die Lichterkettenbirnchen schieben lassen und sich darüber wieder schließen.

Fertig ist das Herbstblätterleuchten! Hänge es dort in deinem Zuhause auf, wo du gerade besonders gut ein hoffnungsfrohes Licht gebrauchen kannst.

PS: Du kannst dich jetzt schon auf die Wiederkehr des Lichtes im Frühling einstimmen, indem du am 11. November, dem St. Martinstag, Schneeglöckchenzwiebeln in die Erde steckst. Sie blühen dann zu Mariä Lichtmess.

Impuls: Seelenhygiene – Buß- und Bettag

Seit Ende des 19. Jahrhunderts begeht die evangelische Kirche am Mittwoch vor dem Ewigkeitssonntag den Buß- und Bettag. Der einzige rein evangelische Feiertag wurde im Jahr 1995 zur Finanzierung der Pflegeversicherung abgeschafft. Einzig das Bundesland Sachsen widersetzte sich und gleicht den Betrag seitdem durch eine prozentuale Zahlung seiner Arbeitnehmer aus. Tage der Buße gab es bereits im Alten Testament. Wir lesen von persönlicher Reue, häufig begleitet durch symbolische Handlungen wie „sich in Sack und Asche hüllen" und begleitet von flehendem Gebet um das Erbarmen Gottes. Auch in der Antike wurden Menschen zu Umkehr und Gebet aufgerufen, um Not und Kriegsbedrohung abzuwenden.

Was hat es nun mit diesem eigenartigen Tag mitten im kalten, trüben November auf sich? Ich muss gestehen, dass ich lange Zeit nichts mit ihm anfangen konnte. Das hat sich in den letzten Jahren geändert. Seit ich mich näher damit beschäftigt und einen Bezug zu meinem eigenen Leben hergestellt habe, schätze ich den Buß- und Bettag als Möglichkeit der Besinnung und Reflexion.

Der Blick nach außen hilft mir beim Blick nach innen. Alles in der Natur ist reduziert, die Ernte Vergangenheit, das Austreiben neuer Blüten Zukunft. Die Tage werden kürzer, und die Zeit der Weihnachtslichter ist noch nicht gekommen. Nichts lenkt mich ab. Ich ziehe mich zurück, wie die Natur es tut, und halte inne. Denke nach über das, was war, und das, was kommen wird. Welche Werte stehen hinter meinen Handlungen? Verhalte ich mich so, wie es meinen Idealen entspricht? Wie gehe ich mit mir, meinen Mitmenschen, meiner Umwelt um? Habe ich mich schuldig gemacht?

Wir sprechen nicht gerne über Schuld. Ich halte das für einen Fehler. Es geht hierbei nicht darum, sich selbst zu erniedrigen oder in Depressionen über das eigene Verhalten zu versinken. Verfehlungen zu erkennen und sie sich einzugestehen, kann gute Prozesse anstoßen. Umkehr ist heilsam und hat ihren Platz in allen Religionen. Vor allem das Aussprechen von Schuld in Anwesenheit einer Vertrauensperson und der Zuspruch von Vergebung befreit und macht einen Neubeginn möglich. Es schafft die innere Bereitschaft für Veränderung und Umkehr.

Vielleicht kann der Buß- und Bettag auch für dich zu einem Ankertag der Reflexion und Neuorientierung werden. Begib dich dazu gerne auf einen ausgedehnten Spaziergang in die Natur, hänge deinen Gedanken nach und sammle dich. Wenn du wieder in deinem warmen Zuhause angekommen bist, schreibe auf, was du los- und hinter dir lassen möchtest. Verbrenne es in einer feuerfesten Schale und verstreue die kalte Asche draußen, bis sie in alle Himmelsrichtungen verweht ist. Vielleicht möchtest du auch räuchern und deine Gebete aufsteigen lassen. Sprich dir zu oder lass es dir zusprechen: *Ein Neubeginn ist immer möglich.*

Naturerfahrung: Räuchern mit Salbei

Ich liebe den Duft von frischen Kräutern. Mein Garten ist voll davon, und es gibt kein Gericht, das nicht eine kleine grüne Prise und würzige Note bekommt. Ich mag es auch sehr, wenn sich die aromatischen Düfte in meinem Haus ausbreiten. Dazu hängen oder liegen bei mir immer ein paar Kräuter rum. Wenn die Kräuter abgetrocknet sind und knistern, wandern sie in dafür vorgesehene Metallkisten und werden zu Tee, Medizin oder Räucherware verarbeitet. Mit dem Verräuchern geben die Pflanzen noch einmal alle ätherischen Öle und Duftstoffe ab und entfalten auf diese besondere Art ihre Wirkung.

Besonders zum Räuchern geeignet ist der Salbei. Es gibt im Handel eine schier unermessliche Zahl an Salbei-Arten – was die Hobby-Gärtnerinnen unter uns freuen dürfte. Ob heimisch angebaut oder von Übersee importiert, spielt für das Räuchern keine Rolle, denn jeder Salbei enthält so viele ätherische Öle und brennt und räuchert gut. Der Duft von Salbei beim Räuchern holt bei mir oft die Erinnerungen des ganzen Jahres hervor. Salbei riecht nach Veränderung, nach Ganzwerden, nach Transformation, nach Heilung – wie ich finde. Enthält doch das lateinische Wort *salvia* für Salbei den Wortstamm für Heilung.

Dem Salbei selbst wird genau diese Heilkraft nachgewiesen: entzündungshemmend, desinfizierend, antibakteriell. Wie passend in dieser Jahreszeit. Aber auch im tieferen Sinn passend und nicht verwunderlich, wenn dem Salbei auch zugeschrieben wird, belebend, reinigend und klärend zu wirken.

Räuchern ist für mich beten. Gute Wünsche aussprechen, um etwas bitten, etwas herbeisehnen, in einen Klärungsprozess gehen. Der Buß- und Bettag ist auch ein Tag der Klärung. Salbei kann dich dabei unterstützen, in deinen Klärungsprozess zu gehen.

Wenn ich Salbei räuchere, dann nehme ich am liebsten Kalifornischen Salbei (*Salvia mellifera*), Indianischen Räuchersalbei (*Salvia apiana*) oder den Heil-Salbei (*Salvia officinalis*), den wohl die meisten kennen. Auch wenn Salbei auch im frischen Zustand brennen kann, binde ich mir im Sommer vor der Blüte kleine „Kolben“ aus dem Salbei und trockne diese oder trockne das lose Blattwerk. Damit räuchere ich das ganze Jahr.

Und so geht das Räuchern: Ich nehme etwas getrockneten Salbei und lege ihn auf einen Teller oder Schale. Ich zünde eine kleine Ecke an, puste vorsichtig aus und lasse den Salbei glimmen. Beim Glimmen beginnt das Blattwerk zu räuchern. Diesen Rauch verteile ich mit der Hand oder einer Feder an mir oder im Haus. (Und hoffe, alle Rauchmelder für den Moment ausgemacht zu haben).

Wo bekommt man denn den Salbei im November her, fragst du dich? Vielleicht steht in deinem Garten ein winterharter Salbei? Dann kannst du dort ernten gehen. In den Baumärkten werden bereits jetzt erste Salbeipflanzen in Töpfen angeboten. Der Onlinehandel bietet fertig getrocknete Räucherprodukte aus Salbei. Oder ganz schlicht: loser Salbeitee aus dem Reformhaus oder der Apotheke. Falls du im vergangenen Sommer oder Herbst Salbei selbst gesammelt hast, dann ist dieser sicherlich am besten geeignet. Vielleicht ist heute ein guter Tag, um eine „entzündungsfreie Zone" herbeizubitten, um Heilung zu bitten?

PS: Am 4. Dezember feiert die katholische Welt den Gedenktag der heiligen Barbara. An diesem Tag werden Obstzweige geschnitten und ins Haus geholt, damit sie an Weihnachten blühen. Mehr Infos findest du dazu in der Naturerfahrung zu Weihnachten. Du kannst dich jetzt schon vorbereiten.

Impuls: Nebeltage

Seltsam, im Nebel zu wandern!
Einsam ist jeder Busch und Stein,
Kein Baum sieht den andern,
Jeder ist allein.

Hermann Hesse, „Im Nebel"

In diesen Tagen zieht sich der weiße Schleier häufig über die Landschaft, macht die Welt unsichtbar und dämpft Geräusche. Auf der Skipiste oder auch im Auto bin ich ungern im Nebel unterwegs.

Die stark eingeschränkte Sicht erschwert das Fahren. Es ist anstrengend, so vorwärtszukommen, und nicht ungefährlich.

Anders geht es mir auf einem Nebelspaziergang in der Natur. Die mystische Stimmung hat etwas Zauberhaftes an sich. Beinahe verheißungsvoll sind die Mutmaßungen, was sich wohl hinter der weißen Wand verbirgt. Auch als Fußgänger muss ich die Geschwindigkeit reduzieren, taste mich langsam vorwärts und stelle alle Sinne auf Empfang. Jeder Eindruck, alles, was ich sehe und höre, wird besonders intensiv wahrgenommen.

Und nicht nur das: Wenn der Blick nach außen „vernebelt" ist, fällt mir der Blick nach innen oft leichter. Ich werde achtsamer für meinen Atem und meine Bewegungen, spüre deutlich, wie ich einen Fuß vor den anderen setze, welchen Untergrund mein Fuß berührt. Meine Gedanken gehen ebenfalls auf Wandschaft. Während ich laufe, klärt sich manchmal unvermittelt die Sicht, gibt den Blick auf die Umgebung frei, bis sich der nächste Schleier über Wald und Wiesen legt. In mir steigt ein Gedanke auf: Ist es nicht auch oft so in unserem Leben? Es gibt Zeiten des klaren Durchblicks und ein anderes Mal sehen wir plötzlich nur wie durch Nebelschwaden.

Ich möchte dich zu einem Spaziergang durch deine Lebensgeschichte einladen. Schnüre die Wanderstiefel und mach dich auf den Weg.

Wir starten, wie sollte es anders sein, am Anfang. Denke zurück an deine ersten zehn Lebensjahre. Wo beginnt deine bewusste Erinnerung? Kindergarten, Schulanfang, die Geburt eines Geschwisterchens, Streit und Versöhnung mit der besten Freundin, dem besten Freund? Welche Augenblicke stehen klar vor deinem inneren Auge und wo verschwimmt die Sicht?

Es geht weiter: Pubertät und Volljährigkeit, die erste Liebe, die Ablösung von den Eltern. – Was ist deutlich erkennbar in deiner Erinnerung und wo wird es nebelig?

Das nächste Jahrzehnt: die erste eigene Wohnung, Ausbildung, Studium, Familiengründung. Und weiter geht es Richtung Lebensmitte. Wo hattest du Durchblick und wo musstest du dich vorsichtig vorwärtstasten? Bist du irgendwo falsch abgebogen und hast den Weg zurück gesucht? Gab es Wegweiser, die dir Orientierung im Nebel gegeben haben?

Wenn du das nächste Mal in der Natur im Nebel unterwegs bist, achte auf solche Wegweiser. Welche Pflanze leuchtet durch den weißen Schleier? Welcher besonders geformte Stein lenkt deine Aufmerksamkeit auf sich? Welche Baumformation erinnert dich an tanzende Menschen oder etwas anderes?

Vielleicht kannst du einen dieser Wegweiser mitnehmen. Als Erinnerung an die Gewissheit: Jeder Nebel zieht vorüber und du kannst deinen Weg wieder klar vor dir erkennen.

Naturerfahrung: Grau in grau – eine Steinspirale legen

Wenn die Sonne sich seit Tagen nicht mehr blicken lässt, die Wolken sich vor jeden Streifen Blau schieben und nicht eine Flocke Schnee mit sich bringen, wird uns oft wehmütig ums Herz. Wir sehnen uns nach Wärme und Farben. Stattdessen ist alles grau in grau, eintönig und ermüdend. Grau – diese Mischung aus dunklem Schwarz und leuchtendem Weiß – hat keinen guten Ruf in unserem Sprachgebrauch. Wir sprechen vom grauen Alltag und grauen Mäusen.

Ich möchte an dieser Stelle ein Plädoyer für das Grau halten. Denn so eintönig, wie wir meinen, ist es gar nicht. Es gibt unzählig viele Abstufungen zwischen Schwarz und Weiß. Schenken wir ihnen unsere Aufmerksamkeit und entdecken ihre Vielfalt.

Egal, wie wolkenverhangen und grau es draußen gerade ist, pack dich wetterfest ein und mach dich auf den Weg. Allein das tut schon gut, denn – so gemütlich das Sofa auch ist – unsere Eltern hatten recht, wenn sie uns als Kinder bei jedem Wetter an die frische Luft schickten. Das weckt die Lebensgeister und stärkt unser Immunsystem.

Nimm einen kleinen Korb oder Beutel mit und sammle wie früher Steine. Wer von uns hat nicht gerne als Kind Steine gesammelt? Heute dürfen nur graue Steine in deine Tasche. Alle anderen, ob braun, gelb, weiß oder schwarz, bleiben liegen.

Wenn du genügend beisammenhast, gestalte auf einem geeigneten Untergrund eine Spirale. Besonders eindrücklich wird es, wenn du die Kiesel dabei von hell nach dunkel oder umgekehrt anordnest. Es gibt auch im Grau zahlreiche Nuancen, doch meistens nehmen wir sie gar nicht wahr. Das ist heute anders.

Bist du fertig? Lass deine Augen über die Spirale wandern – von außen nach innen, von innen nach außen. Ist sie nicht wunderschön? Glaub mir, von heute an wirst du einen anderen Blick auf den „grauen Alltag“ haben.

DEZEMBER

Impuls: Nikolaus – Barmherzigkeit üben

Am Vorabend zum 6. Dezember stellen Groß und Klein ihre geputzten Stiefel heraus, um am nächsten Morgen gespannt nachzusehen, mit welchen Gaben der Nikolaus sie gefüllt hat. Auch meine Kinderhausschuhe neben dem Bett wurden jedes Jahr bedacht, und ich erinnere mich, dass ich mehrmals versuchte, nachts aufzubleiben, um einen Blick auf den Nikolaus zu erhaschen. Es ist mir nie gelungen. Da haben meine Eltern wohl so manche Nachtschicht eingelegt.

Der uns bekannte Nikolaus hat seinen Ursprung wahrscheinlich in der Vermischung zweier historischer Figuren: Nikolaus von Myra, der im 4. Jahrhundert n. Chr. Bischof von Myra in Lykien (heutige Türkei) war, und dem gleichnamigen Mönch und späteren Bischof von Pinora (ebenfalls in Kleinasien) aus dem 6. Jahrhundert.

Beide waren für ihre Barmherzigkeit und Großzügigkeit bekannt und wurden vom Volk verehrt. Mehrere Legenden ranken sich um „den" heiligen Nikolaus. Am bekanntesten sind diese zwei: Um die Töchter eines verarmten Mannes vor der Prostitution zu bewahren, soll Nikolaus nachts unbemerkt drei Goldklumpen in das Fenster der Familie geworfen haben. In einer anderen Geschichte rettete er die Stadt Myra vor dem Hungertod, indem er von Piraten gekaperte Getreideschiffe auslöste.

Im Mittelalter entwickelte sich der Brauch, dass Bischof Nikolaus am 6. Dezember Familien besuchte, um artige Kinder zu belohnen und unartige zu bestrafen. Dabei hatte er je nach Region einen als Krampus, Knecht Ruprecht oder Pelzmärtel benannten

Begleiter bei sich. Im Gabensack des Nikolaus befanden sich klassischerweise Äpfel, Nüsse, Mandarinen und Plätzchen, was sich auch in dem bekannten Gedicht „Knecht Ruprecht" von Theodor Storm widerspiegelt:

„Hast denn das Säcklein auch bei dir?
Ich sprach: ‚Das Säcklein, das ist hier.'
Denn Äpfel, Nuss und Mandelkern
essen fromme Kinder gern."

Der Nikolaus bringt den Menschen also Früchte von Feld und Baum, die im Herbst reif geerntet werden und die Kraft und Süße des Sommers in sich tragen, als Gaben. Sie erinnern an die Fülle und den Reichtum, von dem der als Wohltäter verehrte Heilige etwas abgab.

Am Gedenktag des heiligen Nikolaus will ich mir meinen eigenen Überfluss bewusst machen. Welche Gaben hat mir das Leben geschenkt? Wovon habe ich genug, um zu teilen? Vielleicht ist es Zeit, die ich mit einem einsamen Menschen verbringen kann. Oder aber Geld. Vielleicht habe ich ein Haus, in das ich jemanden aufnehmen möchte? Oder eine besondere Gabe, mit der ich anderen Freude bereiten kann?

Mit meinem eigenen „Nikolaussäckchen" und diesen Gedanken mache ich mich auf den Weg in die Natur. Ich sammle Gaben, die mir auch in dieser eher trüben Jahreszeit ins Auge fallen, und verbinde sie symbolisch mit denen, die mir das Leben geschenkt hat. Zu Hause schmücke ich den Jahreszeitentisch mit den Inhalten meines Säckchens oder integriere sie in den Webrahmen. Dabei überlege ich mir, mit wem ich meine Lebensgaben teilen kann.

DIY: Einen Mandala-Teller zubereiten

Adventszeit, stade Zeit, stille Zeit. Es sind die Wochen des Wartens und der Vorbereitung auf die Ankunft des Erlösers, auf die wieder länger werdenden Tage. Ursprünglich galt der Advent – neben den vierzig Tagen vor Ostern – als Fastenzeit, Tage der Besinnung. Davon ist heute wenig zu spüren. Häufig sind wir an Weihnachten bereits von zu viel Plätzchen und Lebkuchen gesättigt und der Weg Richtung „stille Nacht" ist alles andere als ruhig. Nicht immer haben wir Einfluss darauf, doch hindert uns nichts daran, hin und wieder ein bewusstes „Stopp" einzulegen. Äpfel, Nüsse, Mandarinen … Halten wir uns heute doch mal an diese klassischen Nikolausgaben und bereiten uns bewusst und achtsam einen vitaminreichen Nachmittagssnack zu.

Du brauchst dafür einen schönen großen Teller. Vielleicht gibt es ein besonderes Erbstück in deinem Geschirrschrank, das du nur zu besonderen Gelegenheiten herausholst. Oder du hast eine hübsche Servierplatte aus blank poliertem, spiegelndem Messing. Entzünde ein kleines Teelicht und stelle es in die Mitte.

Dann bereitest du das Obst zu. Zerteile Äpfel, knacke Walnüsse, schäle Mandarinen und Erdnüsse …

Lass dir Zeit. Nimm den besonderen Weihnachtsduft der Mandarinen wahr. Höre auf das Geräusch der knackenden Nüsse. Blicke in das flackernde Licht der Kerze. Vielleicht erinnerst du dich an deine Kindheit und machst ein kleines adventliches Minifeuerwerk, indem du geschälte Orangen- oder Mandarinenschale mit der Außenseite in die Nähe der Kerze hältst und sie schnell zusammendrückst. Wenn die feinen Tröpfchen aus der Schale in die Nähe der Flamme kommen, verbrennen die ätherischen Öle unter Knistern und Zischen.

Sind Obst, Nüsse und Mandeln fertig vorbereitet, sortiere sie in kleine Schälchen.

Jetzt kannst du beginnen. Lege ein Mandala oder eine Spirale von dem Kerzenlicht in der Mitte bis zum äußeren Tellerrand. Sei langsam und aufmerksam in deinen Bewegungen. Mache eine Meditation aus der Gestaltung deiner Mahlzeit. Setze der Hektik der Außenwelt etwas entgegen und verleihe der Nahrung mit deiner Zeit und Achtsamkeit einen ganz besonderen Wert.

Nimm das Bild des fertigen Tellers dankbar in dich auf und dann genieße jeden einzelnen Bissen mit allen Sinnen.

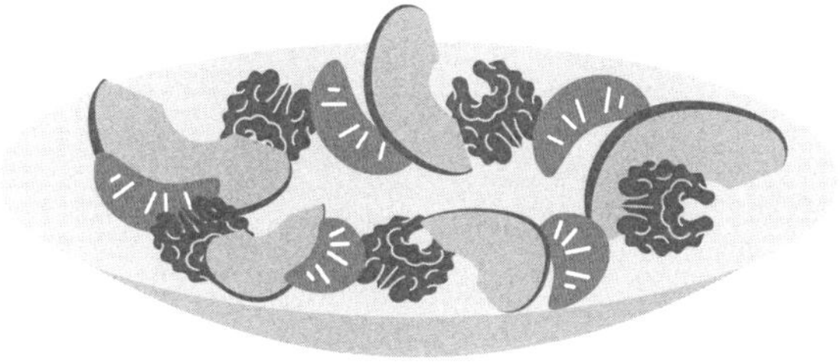

Impuls: Beständigkeit und Immergrün

Wir sind mitten im Advent. Die meisten werden sich wohl auf Weihnachten vorbereiten. Der Dunkelheit wird Einhalt geboten. Ganze Lichtparks bauen manche Häuser auf: Schwibbögen, Lichterketten, blinkende Sterne in allen Farben, Lichtschläuche, Weihnachtsmänner und Rentiere auf den Dächern. Irgendetwas zwischen Schönheit und Wahnsinn. Ich mag diesen Versuch, der Dunkelheit zu sagen: „Du hast nicht das letzte Wort." Auf dem Endspurt vor der Wintersonnenwende am 21.12. wirken die Lichter wie Bremsspuren der Erde, die die Achsenneigung wenden will. Wir als aufgeklärte Menschen wissen, wie das vor sich geht und dass die Tage wieder länger werden. Doch wie fühlten sich die Menschen zu Zeiten, als dies eher eine Ahnung und kein gesichertes Wissen war?

Ich nehme an, dass sie sich viel mehr an die Natur gehalten haben. Ich stelle mir immer vor, wie sie die Hoffnungszeichen gesucht haben und wie dadurch die Nadelbäume (außer der Lärche – die Abweichlerin) eine besondere Bedeutung bekamen. Die Nadelbäume behielten das Grün auch im Winter. Dank ihrer Wachsschicht auf den nadelförmigen Blättern konnten sie der Kälte trotzen und grün bleiben, ohne zu erfrieren, und doch noch genug atmen. Meinen Respekt für Tanne, Fichte, Zeder, Kiefer, Thuja, Eibe, Wacholder, Douglasie. Ich mag sie sehr.

Auch die mythologischen Bedeutungen der Nadelbäume sind voll von Hoffnung: Die Fichte steht für Klarheit, Gradlinigkeit, Hoffnung und Schutz. Die Tanne steht als Symbol für Geburt und Auferstehung. Es dämmert, warum es Weihnachtsbäume gibt, oder? Douglasie steht für Selbstbewusstsein, Selbstvertrauen. Die Kiefer steht für Langlebigkeit, Ausdauer und Unsterblichkeit. Die Eibe für Transformation und Verjüngung. Egal, in welcher Kultur man fragt, man wird finden, dass den Nadelbäumen positive Eigenschaften zugeschrieben werden.

Mich beruhigen darum Waldspaziergänge im Winter sehr. Auch Kiefernmonokulturen tun nicht mehr ganz so weh, wenn ich versuche, sie spirituell zu sehen. Ich lade dich ein, einmal zu schauen, welche Nadelbäume bei dir in der Umgebung wachsen und welche Bedeutung sie für dich haben.

In dieser Woche beginnen die Menschen, ihre Häuser mit ewigem Grün zu schmücken. Wohl fast kein Haus, welches nicht auch immergrüne Zweige ins Haus holt, oft ganze Bäume. Reih dich ein in die Tradition, dir die Hoffnung ins Haus zu holen. Vielleicht gehörst du auch zu den meditativen Kranzwinderinnen oder Gesteckebastlerinnen? Ein Zweig genügt, um den Duft des ewigen Grüns in dein Haus zu holen. Mindestens bis zur Wintersonnenwende kurz vor Weihnachten.

O Tannenbaum, o Tannenbaum,
dein Kleid will mich was lehren:
Die Hoffnung und Beständigkeit
gibt Trost und Kraft zu jeder Zeit!
O Tannenbaum, o Tannenbaum,
dein Kleid will mich was lehren.

Altes Weihnachtslied

Naturerfahrung mit Nadelbäumen

Neben der Verwendung als winterliche Dekoration haben die Nadelbäume Heilwirkung für den Menschen. Sie helfen zum Beispiel bei Husten und Bronchitis, Erkältungskrankheiten, Blasenentzündung, Durchblutungsstörungen und Krampfadern, Gicht, Rheuma und Hexenschuss, Muskelkater und Muskelverspannungen. Ein Wunderwerk der Natur und verhältnismäßig leicht zu identifizieren.

Besonders hat es mir die Fichte angetan. Die Fichte macht ein Viertel des Baumbestandes in unseren Wäldern aus. Sie kommt in fast allen Wäldern vor, so der Borkenkäfer sie in den vergangenen Jahren nicht vernichtet hat oder der Boden zu sandig ist.

Man findet sie auch in Gärten. Ihre jungen Triebe und Nadeln enthalten reichlich Vitamin C, Gerbstoffe und ätherische Öle.

Im Frühjahr ernte ich ein paar der köstlichen jungen Austriebe, schokoliere sie oder füge sie einem Pilzrisotto zu. In späterer Jahreszeit kann man die Fichtennadeln einem Schokoladen-Mandel-Konfekt beimischen oder die Nadeln zum Räuchern trocknen oder als Badezusatz, Inhalation, Tinktur, Massageöl, Sirup, Honig oder Tee pur verwenden. Die Rezeptflut im Internet ist unendlich. Heute machen wir einen Ölauszug.

Fichtenölauszug

Für den Ölauszug sammelst du eine Handvoll kleine Seitentriebe der Fichte, und du brauchst einen halben Liter Olivenöl oder Mandelöl oder Kokosöl, oder du mischst es dir in dem Verhältnis, wie du es magst. Die Fichte zerkleinerst du mit Schere oder Wiegemesser, füllst sie in eine verschließbare Tupperdose und gießt das Öl drauf, sodass sie ganz bedeckt ist. Stell das Öl in den Kühlschrank. Nach vier Wochen kannst du es durch einen alten Nylonstrumpf geben und in einer schönen Flasche auffangen. Fertig!

Wenn es etwas schneller gehen soll und du nicht vier Wochen warten kannst, erwärme Öl und Fichte zusammen in einem Topf auf dem Herd bis 60 Grad und lass es eine Stunde ziehen. Achte darauf, dass das Öl nicht zu heiß wird, dann verdampfen die schönen Gerüche. Abfüllen.

Oder du kannst auch im Laden ätherisches Öl von Fichte oder Kiefer kaufen und je einen Tropfen zu 10 Tropfen Öl mischen. Fertig ist das Pflegeprodukt für Inhalation, Einreiben, Massage.

Wichtig: Bitte sei dir sicher, an welchem Baum du etwas erntest. Es besteht Verwechslungsgefahr mit der Eibe, die auch zu den immergrünen Gehölzen gehört, jedoch in allen Bestandteilen hochgradig giftig ist. Stelle sicher, dass du sie nicht verwendest! Dazu kannst du Bestimmungs-Apps oder eine kundige Person fragen.

Impuls: An Wunder glauben – die Geburt des Lichtes

In diesen Tagen ist Weihnachten, Tag der Geburt Christi, Tag der Geburt des Lichtes. Die „geweihten Nächte" beginnen. Woran auch immer du glaubst, diese Zeit ist eine besondere Zeit des Glaubens an das Gute, an das Licht, das über die Dunkelheit siegt, an die Hoffnung. Mit der Wintersonnenwende erreicht sie ihren Höhepunkt. Von diesem Tag an werden die Tage länger. Auf den letzten Metern kurz vor der Wintersonnenwende merke ich es im Körper an Müdigkeit, Verfassung, Energielevel, Nerven, dass die Dunkelheit viel Raum einnehmen will. Eine gute Zeit, das Licht aller Kerzen, Weihnachtsgestecke und Baumlichter aufleuchten zu lassen, um sich daran zu erinnern, dass die Finsternis nicht das letzte Wort hat.

Feiern wir diese Hoffnung. Dass das Licht gewinnt. An Weihnachten feiern wir genau diese Wende. Schon vor der Christianisierung hatte diese Zeit eine sehr große Bedeutung. Die Wiederkehr des Lichtes wurde mit Festmahl und Feuern begangen, war es doch ein untrügliches Zeichen, dass die länger werdenden Tage auch das Ende des Winters einläuten. Die Rituale, die in diese Zeit fielen, drehten sich um das Licht, aber auch um das Wissen von Umkehr, Erlösung, Befreiung. Fast alle heutigen Weihnachtsbräuche wie Tannenzweige, Mistel, Kerzen, Gebäck, Geschenke, Gans,

Räucherungen und so weiter haben ihren Ursprung vor der Christianisierung und sind noch heute Zeichen dafür, dass Weihnachten und die Wintersonnenwende über die religiösen Grenzen hinaus Bedeutung hat.

Wie Gold fallen in diesen Tagen das Licht und die Hoffnung vom Himmel: Es lassen sich den ganzen Dezember über viele Sternschnuppen beobachten. Es ist für mich wie ein Adventsfeuerwerk, jetzt in den Himmel zu schauen. Jeder Stern, jede Schnuppe ein Hoffnungsanzeiger. Das Licht scheint in der Nacht. Lass ein paar Schnuppen voller Sternenlichtenergie fallen, nur für mich, ist dann mein Gebet. Lass die Hoffnung regnen. Wir feiern, dass die Hoffnung zurückkehrt, dass die Trauer ein Ende hat, dass es Zeichen gibt, die auf etwas verweisen, was über uns selbst hinausgeht. Dass es ein großes Ganzes gibt, dass wir verbunden sind und dass wir geliebt sind.

Naturerfahrung: Blüten im Winter

Rund um Weihnachten ist gerade nicht die Zeit, um an Vegetation, geschweige denn Blumen zu denken. Oder doch? Nicht umsonst stehen die Weihnachtssterne jetzt in voller Blüte, aber auch Hamamelis beginnt im Garten zu blühen, und die Christrosen geben ihr Bestes, um besonders schön aus dem Schnee hervorzuschauen.

Vor Weihnachten denke ich unweigerlich an eine Unruhestifterin, denn am 4. Dezember ist der Tag der heiligen Barbara. Ich bin nicht katholisch geprägt, aber diese Frau und die mit ihr verbundene Tradition haben es mir angetan. Die heilige Barbara lebte im 3. Jahrhundert in Kleinasien. Sie konvertierte zum christlichen Glauben. Sie verweigerte ihre vom Vater geplante Eheschließung, was sie den Kopf kostete, denn für ihren Spleen hatte der Herr Vater kein Verständnis. (Was ihm wiederum auch kein Glück brachte, denn er wurde der Legende nach vom Blitz erschlagen, nachdem er seine Tochter enthauptet hatte.) Auf dem Weg zum Gefängnis vor ihrer Hinrichtung, so die Erzählung, blieb Barbara an Zweigen hängen, die sie mitnahm und im Gefängnis ins Wasser stellte. Die Zweige erblühten am Tag ihrer Hinrichtung.

Richtig populär wurde Barbara als Schutzpatronin der Alliierten und der Bergleute. Daher findet man ihre Figur in Bergbaugegenden an vielen Straßenecken und in Kirchen.

Nun, man kann ihre Haltung verrückt finden oder bewundern. Was uns bleibt, sind ein paar Obstzweige. Und an ihrem Gedenktag schneide ich seit Jahren ganz traditionell Zweige von Obstbäumen, wie zum Beispiel Kirsche oder Pflaume ab, stelle diese in der Wohnung in die Vase und warte ab, dass sie an Heiligabend blühen. Ich nehme am liebsten Aprikose, Birke, Kirsche und Zierquitte, es sieht zu schön aus. Und dazu singe ich mit Weihnachtshoffnung „Es ist ein Ros entsprungen“ und feiere die Hoffnung, dass das Licht das letzte Wort haben wird und dass die Hoffnung lebt. Gemeint ist mit dem Bild der entsprungenen Rose nicht Barbara, sondern Christus – ein Nachkomme aus dem Stamm Isais (Jesse) des alten Israel, der in harten politischen Zeiten Zeichen der Hoffnung setzte. Und da sind wir wieder bei den Christrosen, denn die sollen an diese „Ros“ erinnern. Die Rose selbst kann Symbol für Weihnachten werden. Für die Liebe, die sich hingibt.

Was nährt an Weihnachten deine Hoffnung?

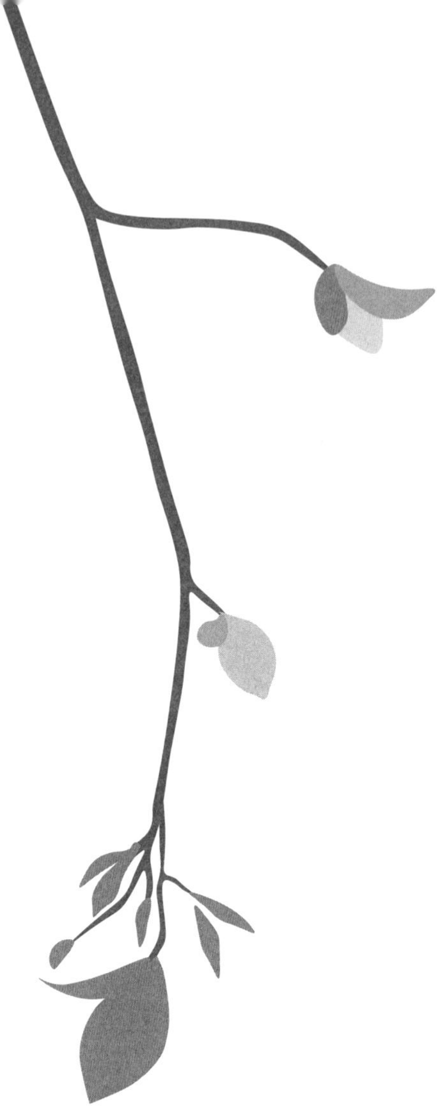

Es ist ein Ros entsprungen
aus einer Wurzel zart,
wie uns die Alten sungen,
von Jesse kam die Art
und hat ein Blümlein bracht
mitten im kalten Winter
wohl zu der halben Nacht.

Das Röslein, das ich meine,
davon Jesaias sagt,
hat uns gebracht alleine
Marie, die reine Magd.
Aus Gottes ewgem Rat
hat sie ein Kind geboren,
wohl zu der halben Nacht.

Das Röselein so kleine,
das duftet uns so süß.
Mit seinem hellen Scheine
vertreibts die Finsternis.
Wahr Mensch und wahrer Gott;
hilft uns aus allem Leide,
rettet von Sünd und Tod.

Michael Praetorius nach einem früheren Weihnachtslied, 1609

Impuls: Zwischen den Zeiten – die Raunächte

Zum Jahreswechsel erinnern wir uns, was im zu Ende gehenden Jahr geschehen ist. Gleichzeitig beginnt die Zeit der Vorsätze, des Neubeginns. Diese Zeit der Erinnerung und Innenschau nannte man früher die Raunächte. Die Raunächte waren Tage, um sich in Stille auf das Wesentliche zu besinnen, einen Blick ins eigene Innere zu werfen, Zeit am Feuer zu verbringen, sich zurückzuziehen, zu sortieren, neue Kraft zu sammeln. Zu Hause und in der Natur.

Doch was sind die Raunächte genau? Raunacht – das kommt aus dem mittelhochdeutschen *Rouch* wie Rauchen oder *Ruch* wie rau, herb, grob, wild oder von *Raunen* wie Geheimnis. Jede Deutung stimmt irgendwie für die Tage rund um Weihnachten und den Jahreswechsel. Sie sind geheimnisvoll, eine Zwischenzeit, etwas Besonderes. Eine Zeit, in der niemand Ansprüche an uns stellt (außer vielleicht die Verwandtschaft), in der die Feuer knistern, die Zeit bei Gebäck und Buch stehen zu bleiben scheint. Extrazeit. Geschenkte Zeit, außerhalb des Alltags, Tage, die sich anders anfühlen, wie eine Pause für alle.

Heute wird der Zeitraum der Raunächte ungefähr so definiert: Mit der Wintersonnenwende am 21. Dezember beginnen die zwölf Nächte, gehen über Weihnachten und den Jahreswechsel bis zum 6. Januar, dem Fest der Heiligen Drei Könige, dem Fest des Lichtes. Es ist im Kalender wie eine Zäsur, eine Pause, eine „Zeit außerhalb der Zeit“. Denn unser Jahr hat zwar zwölf Kalendermonate, aber in dieser Zeit gibt es 13 volle Mondphasen. So sind die Raunächte für die, die zählen können, auch zusätzlich gegebene Zeit.

Die Zeit um die Raunächte wurden auch schon früher als besondere Zeit gesehen. Die Menschen tauchten dann in die Dunkelheit ab.

Draußen gab es nichts mehr zu tun. Eher ungemütlich, denn Stürme und Schnee wechselten sich ab. Träume, Mythen, Legenden und der heulende Wind hatten besondere Bedeutung. Eine Zeit, in der sich die Urkräfte der Erde zeigen. Die Menschen glaubten zum Beispiel, dass die Erdgöttin Percht, die Holda (aus dem Märchen bekannt als Frau Holle), die Sturmgöttin, aber auch Göttin der Erde, der Fruchtbarkeit, mit großem Getöse über die Erde zog und alles mitnahm, was nicht niet- und nagelfest war.

Wie passend, denn rund um den Jahreswechsel „befreien“ wir uns auch vom alten Jahr und fangen neu an. Eine Zeit, in der noch einmal sich alles neu für die Zukunft formen kann. In der der Geist sich öffnen kann.

Wofür öffnest du dich in dieser Zeit?

Naturerfahrung zu den Raunächten

Dass Nadelbäume eine besondere Bedeutung haben, haben wir ja schon zusammen erlebt. Heute geht es noch einmal zu den Nadelbäumen. Sie sind in den Raunächten für mich besondere Freunde und Wächter dieser Zeit. Wir sammeln Harz, das du verräuchern kannst. Nimm dir dazu Einweghandschuhe, ein altes Messer und einen alten Teller oder ein Plastikgefäß mit. Wir wollen uns auf die Suche nach Harztropfen machen. Dabei spielt es keine Rolle, welche Nadelbaumart du besuchst. Die Bäume, die bei dir in der Nähe wachsen, sind deine Freunde, kennzeichnen deine Heimatlandschaft, schenken dir Räucherware. Das Harz der Bäume zu nehmen, die einem am vertrautesten sind, hat etwas Verbindendes.

Schau, ob du an der Rinde Harztropfen findest. Gelb, golden wie Bernstein oder wie Honig, manchmal etwas weißlich, je nach Baumart. Das Harz tritt aus, wenn der Baum eine Verletzung erlitten hat und diese mit eigenem Harz heilt. Wenn du also Harz sammelst, sammelst du auch Wundenpflaster von Bäumen. Das finde ich sehr verbindend, denn wenn ich räuchere, bete ich, und dann bete ich auch mit den Wunden und der Heilung der Bäume. Du kannst den Baum fragen, was er erlebt hat und ob er dir etwas von seiner Heilung schenkt, ehe du das Harz erntest. (Kommt dir komisch vor? Nun, mit Bäumen zu reden, heißt Verbindung zu üben.)

Am einfachsten ist Harz an Fichten zu finden oder an Kiefern, weil diese gut sichtbar viel Harz produzieren, wenn sie Wunden haben. Am besten eignet sich durchgetrocknetes Harz, das du mit der Hand einfach abknipsen kannst. Manchmal muss man vorsichtig mit einem Messer nachhelfen. Dabei achte darauf, dass du nicht die Wunde am Baum wieder freilegst. Bedanke dich beim Baum nach dem Ernten. Manchmal hat ein Baum sehr viel Harz produziert. Welch ein Geschenk, wenn man den Jahresvorrat Harz einsammeln kann. Durchgetrocknetes Harz hält sich sehr gut in einer alten Keksdose. Sollte das Harz noch feucht sein, dann achte darauf, dass es nicht in Haare und Kleider gerät, sondern nimm es in deinem Gefäß mit nach Hause zum Trocknen. Harz räuchert sich am besten auf einer Räucherkohle oder auf frischer Glut. Harz verbrennt sehr schnell, darum darf die Glut nicht zu heiß, also rot oder gelb glühend, sondern sollte fast schwarz-rot sein (also etwas „kühler“). Der Duft ist für mich immer ein kleines Wunder.

Harz (gemischt mit Wacholder, Beifuß und Salbei) eignet sich auch sehr gut, um am 21. Dezember und den folgenden Tagen das Haus auszuräuchern oder während der Raunächte zu beten. Oft hat man alles, was man braucht, schon dafür daheim im Gewürzregal: Wacholder, Salbei, Zeder, Lorbeer. Du fügst das Harz noch dazu. Räuchern ist reinigen. Oder beten. Eine Form der Einstimmung in die Stille. Für mich: Es ist eine Schwelle, es markiert eine Grenze. „Es passiert jetzt etwas Neues." Wie passend zu den Raunächten.

JANUAR

Impuls: Das Neue begrüßen

Neujahr. Es ist wie das Aufschlagen eines bisher unbeschriebenen Tagebuches. Ein ganzes Jahr liegt verheißungsvoll und erwartungsfroh vor dir. Bereit, gefüllt zu werden. Vielleicht hast du dir etwas Besonderes vorgenommen, Ziele formuliert, ein Wort gefunden, das dich in den kommenden zwölf Monaten begleiten wird. Vielleicht hat dich das vergangene Jahr aber auch vor besondere Herausforderungen gestellt und du bist einfach nur froh, einen symbolischen Schlussstrich darunter zu ziehen und neu anzufangen. Wie immer du diesen ersten Tag auch betrittst, du wirst Spuren hinterlassen. Du wirst das neu begonnene Jahr prägen und geprägt werden.

Es muss das Herz bei jedem Lebensrufe
bereit zum Abschied sein und Neubeginne,
um sich in Tapferkeit und ohne Trauern
in and're, neue Bindungen zu geben.
Und jedem Anfang wohnt ein Zauber inne,
der uns beschützt und der uns hilft, zu leben.

So schreibt Hermann Hesse in einem meiner Lieblingsgedichte, „Stufen", und drückt dabei die Ambivalenz von Abschiedsschmerz und Anfangszauber so wunderbar weise aus. Etwas Neues will beginnen. Heißen wir es willkommen!

Jeder Weg beginnt mit einem ersten Schritt. Egal, wie das Wetter draußen ist, ob es regnet, schneit oder Nebel die Welt verhüllt, zieh dich entsprechend an und mache einen ganz altmodischen Neujahrsspaziergang. Vermutlich hast du am gestrigen Silvesterabend gut gegessen und getrunken, sodass dir Bewegung guttun wird. Fülle deine Lungen mit Sauerstoff und lass dir den Kopf freipusten. Suche dir ein Stück Natur dafür. Es mag der nahe gelegene Wald oder ein Stadtpark sein.

Vielleicht findest du eine Schwelle, die du über- oder durchschreiten und damit das vergangene Jahr symbolisch hinter dir lassen kannst. Ein kleiner Bachlauf, ein umgestürzter Baum zum Drüberklettern oder ein natürlicher Torbogen aus Ästen. Überschreite die Schwelle und betritt Neuland. Das, was war, ist vergangen. Begrüße das Neue und gehe erste Schritte. Hinterlasse deine Spuren auf dem frisch gefallenen Schnee, am Strand oder im Matsch des Feldweges. Willkommen im neuen Jahr!

DIY: Eine Jahreskerze gestalten

Du kannst dir die Natur zu jeder Jahreszeit in dein Zuhause holen. Dazu eignen sich nicht nur gepflückte Wald- und Wiesensträuße. Eine besondere Verbindung von Frühling, Sommer, Herbst und Winter bekommst du durch die Gestaltung einer Jahreskerze.

Dazu benötigst du folgende Materialien:

- eine große, dicke Stumpenkerze aus weißem oder Bienenwachs
- ein Teelicht (ebenfalls weiß oder Bienenwachs)
- einen Pinsel
- gepresstes Naturmaterial aus allen vier Jahreszeiten

Natürlich ist es auch möglich, für jede Jahreszeit eine eigene Kerze herzustellen. Wenn du aber jetzt – im Winter – damit beginnst, hast du am Ende des Jahres eine ganz besondere, individuelle Lichtquelle geschaffen. Es lohnt sich also, Zeit und Geduld zu investieren.

Auch im Winter lässt sich geeignetes Material in der Natur finden. Mache dich auf den Weg und sammle, was dir ins Auge fällt. Christrose, Zaubernuss oder Winterjasmin bringen Farbe ins Spiel. Vom Sturm herabgewehte Kiefernnadeln lassen sich ebenso verwenden wie Blätter und Gräser. Im Frühjahr treibt der Farn wieder aus, Bärlauch, Krokus und vielerlei mehr kommen an die Oberfläche, wenn die Sonne wieder mehr Kraft hat. Der Sommer bietet Blumen, Gräser und Kräuter in Hülle und Fülle, und im Herbst lassen sich Blätter in satten Rot-, Braun- und Gelbtönen sammeln.

Unterteile deine Kerze senkrecht in vier Viertel. Jeder Abschnitt steht für eine Jahreszeit und wird mit den entsprechenden Naturschätzen gestaltet. Dabei gehst du folgendermaßen vor:

1. Entzünde das Teelicht und warte, bis das Wachs vollständig geschmolzen ist.
2. Lege das Naturmaterial auf die Kerze und halte es mit dem Daumen einer Hand fest.
3. Tauche nun den Pinsel mit der anderen Hand in das flüssige Wachs des Teelichts und streiche damit zügig über das gepresste Naturmaterial, bis es sich mit der Kerze verbunden hat. Je dünner die Wachsschicht, desto besser schimmern Blüten, Gräser & Co durch.

Wenn du bereits Material aus allen vier Jahreszeiten hast, kannst du nun mit dem nächsten Viertel fortfahren. Falls nicht, verpacke deine Kerze gut geschützt an einem Ort, an dem du sie nicht vergisst, und freue dich auf den Frühling, wo du den nächsten Teil gestalten wirst.

Impuls: Dreikönigstag – heilige Gaben

Am 6. Januar feiert die Kirche mit dem Dreikönigsfest (Epiphanias von griech./lat. *epiphania* = Erscheinung) das Sichtbarwerden der Göttlichkeit Jesu beginnend mit seiner Verehrung durch die drei Weisen.

Der Feiertag entstand bereits im antiken Rom, wo die Erscheinung des göttlichen Kaisers begangen wurde. Das seit dem 2. Jahrhundert von der Ostkirche gefeierte christliche Epiphaniasfest überlagerte schließlich das römische Ritual. Die Westkirche erkannte den Dreikönigstag vermutlich erst im 4. Jahrhundert an. Im Volksglauben wurden aus den drei Sterndeutern schließlich Könige, deren Anzahl man – entsprechend ihrer mitgebrachten Gaben – auf drei festlegte. Häufig werden die drei Weisen in der Kunst als Könige aus den drei Erdteilen Europa, Asien und Afrika abgebildet. Caspar erscheint meist als Myrrhe überreichender Afrikaner, Melchior überbringt als Europäer Gold und der asiatische König Balthasar bietet Weihrauch dar.

Erstmals im 16. Jahrhundert wurde der Brauch der Sternsinger bekannt. Seit 1958 werden sie zwischen Neujahr und dem 6. Januar ausgesandt und sammeln Spenden für Hilfsprojekte. Drei als Könige verkleidete Kinder und ein vorausgehender Sternenträger ziehen von Haus zu Haus, singen oder sprechen einen Segensspruch und schreiben mit Kreide z. B. für das Jahr 2022 „20+C+M+B+22“ an die Haustür. Dabei stehen die Buchstaben nicht, wie häufig angenommen, für „Caspar, Melchior und Balthasar“, sondern für das lateinische „Christus mansionem benedicat“, was bedeutet: „Christus segne dieses Haus.“

Nur in den Bundesländern Baden-Württemberg, Bayern und Sachsen-Anhalt ist der 6. Januar ein gesetzlicher Feiertag. Häufig enden die Weihnachtsferien in dieser Zeit und der Christbaum wird nach einem letzten Kerzenentzünden abgeschmückt und aus dem Haus geschafft. Mit dem Dreikönigstag gehen auch die zwölf Rauhnächte zu Ende. Das neue Jahr ist endgültig angekommen.

In der biblischen Geschichte überbringen die drei Weisen dem neugeborenen Jesuskind ihre Gaben Gold, Weihrauch und Myrrhe. Dabei steht Gold für etwas besonders Wertvolles. Myrrhe ist als innerlich und äußerlich angewandtes Heilmittel gegen Schmerzen und Entzündungen bekannt. Das Räucherwerk soll klärende und reinigende Wirkung haben. Weihrauch symbolisiert als Opfergabe unsere zum Himmel aufsteigenden Gebete. Wie Myrrhe wirkt es reinigend und entzündungshemmend.

Vielleicht möchtest du mit Weihrauch und Myrrhe räuchern, während du dir Zeit und Ruhe nimmst, über ein paar Dinge nachzudenken:

Gold: Was ist wertvoll in deinem Leben? Wo entdeckst
du goldene Spuren? Was gibt dir Wert und Würde?
Myrrhe: Gibt es etwas in dir, dass heil werden muss?
Was ist heilsam für deinen Körper/deine Seele?
Weihrauch: Welches Gebet möchtest du jetzt zu Gott
aufsteigen lassen?

DIY: Upcycling – eine Lichterkrone gestalten

Im Christentum glauben wir an einen Gott, der uns zu seinem Ebenbild geschaffen hat. Er gab uns die Verantwortung für seine Schöpfung, und er krönte uns mit Würde. „Die Würde des Menschen ist unantastbar" heißt es in unserem Grundgesetz. Diese Haltung wollen wir auch der Umwelt – allen Lebewesen, die mit uns auf dieser Erde leben – entgegenbringen.

Ich lade dich heute zu einem Upcycling-Projekt ein. Wirf die nächste Konservendose nicht einfach in den Müll, sondern zaubere – passend zum Dreikönigsfest – eine Lichterkrone daraus.

Du brauchst:

- eine Blechdose
- eine Haushalts- oder Blechschere
- evtl. eine Eisensäge
- Papier, Bleistift und Lineal
- einen Edding
- Klebeband
- evtl. Heißkleber und kleine Holzperlen

Und so gestaltest du dein Königslicht:

1. Zuerst fertigst du eine Schablone für die Zacken der Krone an. Dazu schneidest du das Papier auf die Höhe der Dose zu und legst es dann einmal komplett um die Blechdose, bis Anfang und Ende genau aufeinandertreffen. Schneide es dort ab.
2. Jetzt faltest du das Papier in der Mitte zusammen, halbierst es ein weiteres Mal usw.

3. Öffne den Papierstreifen und überlege, wie lang und spitz die Zacken deiner Krone werden sollen. Entsprechend tief zeichnest du eine Linie auf dem Papier ein (z. B. vier Zentimeter vom oberen Rand entfernt).
4. Dann misst du mit dem Lineal die jeweiligen Mittelpunkte der einzelnen Zacken und verbindest sie mit der Linie. Schneide nun alle Spitzen aus.

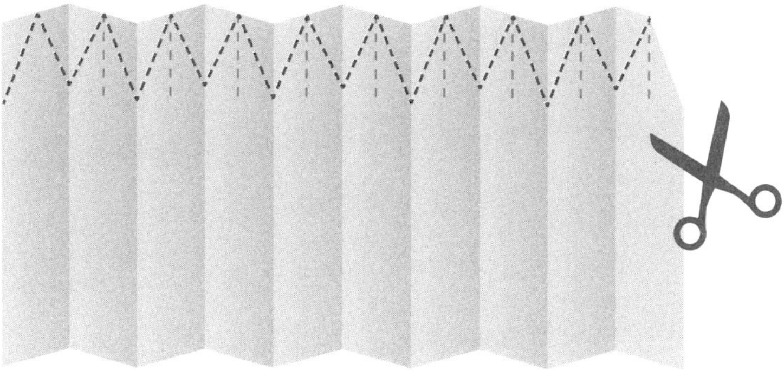

5. Jetzt schneidest du den oberen Rand von der Blechdose. Du kannst dafür eine Eisensäge benutzen oder mit der Schere vorsichtig ein Loch unter der Kante bohren und von dort aus den Rand abschneiden. Sei bitte behutsam. Bei diesem Arbeitsschritt kannst du dich leicht verletzen. Ist der dicke Rand entfernt, lässt sich das Blech ganz leicht mit einer normalen Haushaltsschere schneiden.
6. Befestige nun die Papierschablone mit Klebeband auf der Dose und zeichne die Zacken mit Edding nach, bevor du die Schablone wieder entfernst.

7. Jetzt kannst du die Kronenzacken schneiden. Biege sie dann leicht nach außen.
8. Wenn es dir gefällt, kannst du kleine Holzperlen mit Heißkleber an den Zackenenden befestigen. Falls nicht, achte darauf, die Spitzen mit der Schere etwas abzurunden, damit man sich nicht daran verletzen kann.
9. Nach persönlichem Geschmack kann das Kronenlicht nun mit Spray oder Farbe behandelt werden. Oder du stellst es einfach bei Wind und Wetter nach draußen und wartest, bis die Dose von selbst Rost ansetzt.
10. Jetzt noch ein Teelicht entzünden und fertig ist dein königliches Winterlicht.

Impuls: Wind und Wetter erleben

Ich will nicht raus. Es ist warm und gemütlich auf meinem Sofa. Eine richtig schöne Komfortzone, und ich habe keinerlei Motivation, sie zu verlassen. Mein Blick fällt aus dem Fenster. Es ist mal wieder kein Sonnenstrahl zu sehen. Nasskaltes, trübes Januarwetter. An den Straßenrändern liegen dreckige, traurige Schneereste.

Irgendwie schaffe ich es dann doch, mich zu überwinden. Der Weg durch den Wald gleicht einem Hindernislauf. Meine Füße versinken im Schlamm und lösen sich mit einem schmatzenden Geräusch wieder vom Boden. Weit und breit gibt es kein schönes Fotomotiv für mein Handy. Keine Sonne, deren Licht durch die Baumkronen bricht. Auch akustisch ist nichts geboten. Kein Vogel heißt mich mit seinem Zwitschern willkommen. Stattdessen kreist irgendwo ein Hubschrauber, und in der Ferne sind vorüberfahrende Autos zu hören. Ich lasse meinen Blick über die Landschaft gleiten und nehme Chaos wahr. Vom Wind gefällte Bäume und geknickte Sträucher liegen kreuz und quer. Auf dem Boden matschige braune Blätter. Überreste des letzten Herbstes. Damals hingen sie noch bunt leuchtend an den Bäumen oder segelten mir fröhlich vor die Füße. Jetzt bieten sie einen traurigen Anblick.

Auch das ist Gottes Schöpfung. Das Stille, das Chaotische, das Traurige. Totes Material, das scheinbar nutzlos auf dem Boden liegt, verrottet und dabei zur Nahrung für das Neue wird, was – unsichtbar – bereits keimt und wächst.

Auf meiner Jahreskerze ist noch etwas Platz. Ich nehme ein totes, zerlöchertes Blatt als Symbol für den Zyklus der Natur mit nach Hause.

Der Kreislauf der Schöpfung wird hier sichtbar. Aus Chaos entsteht Leben. Jedes Jahr wiederholt sich in unserer Natur, was im Schöpfungsepos der Bibel über die Erschaffung der Erde beschrieben wird. Die Entstehung von etwas Neuem, Gutem, Fruchtbarem aus scheinbarem Chaos, aus verworrenen Fäden.

Auch in meinem Leben erschließt sich mir das oft erst im Nachhinein. Im Frühling, wenn bereits alles keimt und aufbricht, in der Fülle des Sommers und der Ernte des Herbstes – erst im Rückblick erkenne ich, was sich auf Grundlage der scheinbaren Leere und Unordnung entwickelt hat.

Wann gab es diese Situationen, in denen ich erst im Nachhinein sehen konnte, wofür all das Chaos gut war?

Ich gehe weiter. Kinderlachen dringt an mein Ohr. Bisher war ich ganz allein unterwegs. Das Wetter ist nicht sehr einladend. Wenn ich ganz leise bin, höre ich zartes Vogelzwitschern. Ein Zeichen dafür, dass die Tage langsam wieder länger werden, auch wenn ich noch nicht viel davon wahrnehme. Ich bleibe jetzt immer wieder stehen und versuche, meine Umgebung mit allen Sinnen zu spüren. Ein Bach plätschert leise und gleichmäßig beruhigend vor sich hin. Mein Atem bildet kleine Wölkchen. Wie riecht die Kälte?

Der Himmel vor mir verdunkelt sich. Was in anderen Jahreszeiten einen Schauer ankündigt, vor dem ich Unterschlupf suche, weckt jetzt leise Vorfreude auf Schnee in mir. Das Licht ändert sich innerhalb von Sekunden. Der Wind nimmt zu. Eine Schneeflocke lässt sich auf meiner Wimper nieder. Wie lange kann ich sie dort wahrnehmen?

Auf einem mit Moos ummantelten Baumstumpf ist eine Schneedecke liegen geblieben. Ich genieße den Kontrast des satten Grüns zum reinen Weiß. Es gibt gerade nur wenige Farben zu sehen. Die Natur wirkt reduziert, fast minimalistisch.

Was ist die Schöpfung, wenn sie nicht blüht und keine Früchte trägt? Wer bin ich, wenn scheinbar nichts mehr da ist? Wenn meine Rollen als Frau, Mutter, Freundin, Kollegin … wegfallen? Wer bin ich dann? Was macht mich in meinem tiefsten Wesen aus?

Nachdenklich begebe ich mich auf den Heimweg. Mein Spaziergang ist zu Ende.

Jetzt bist du an der Reihe. Verlasse deine Komfortzone. Mache dich auf den Weg. Finde deine eigenen Fragen und vielleicht auch ein paar Antworten.

DIY: Ein Nasenöl zum Durchatmen

Es stürmt, es regnet, es schneit. Um dich herum wird geniest und gehustet. Auch wenn es draußen wenig einladend aussieht und die Tage immer noch ziemlich kurz sind: Zieh dich wetterfest an und geh raus. Lass dir den Wind um die Ohren wehen, stapfe durch Schnee oder hüpfe über Pfützen. Du entkommst damit für eine Weile der trockenen Heizungsluft und pushst dein Immunsystem. Auch der Psyche tut es nachweislich gut, wenn wir uns aufraffen und jeden Tag etwas Zeit in Bewegung an der frischen Luft verbringen.

Besonders wohltuend sind die ätherischen Öle, die wir im Wald ganz natürlich einatmen. Auch die Qualität der Wohnzimmerluft lässt sich mit einem Luftbefeuchter und der Zugabe von naturreinen ätherischen Ölen verbessern. Viele von ihnen wirken reinigend, befreien die Atemwege und unterstützen die natürliche Immunabwehr.

Ich möchte dir heute zeigen, wie du aus wenigen Zutaten ein pflegendes, wohlriechendes Nasenöl herstellst. Damit verhinderst du das Austrocknen deiner Schleimhäute, die eine wichtige Barriere vor Krankheitskeimen darstellen.

Du benotigst:

- ein kleines Pipettenfläschchen
- 10 ml Mandel- oder Sesamöl
- 2 Tropfen Lavendel
- 2 Tropfen Ravintsara
- 1 Tropfen Eukalyptus

Fülle alle Zutaten mithilfe eines kleinen Trichters in das Fläschchen und schüttele dieses vor jedem Gebrauch gut.

Gib jeweils einen Tropfen auf den Eingang der Nasenlöcher und verreibe das Öl leicht. Lavendelöl wirkt entzündungshemmend, desinfizierend und erleichtert die Atmung. Ravintsara ist hilfreich zur Schleimverflüssigung und soll gegen eine Vielzahl Schnupfen auslösender Viren wirken. Eukalyptus hat antibakterielle und keimtötende Eigenschaften und stärkt das Immunsystem. Bei Kindern darf Eukalyptus nicht verwendet werden.

Bitte achte darauf, nur 100 % naturreines Öl zu verwenden. Und jetzt: Nichts wie raus an die frische Luft und tief durchatmen!

Impuls: Innenschau mit Dank halten

Der Winter kann sich im Januar von seiner schönsten Seite zeigen. Vielleicht taucht er alles (noch einmal) in Weiß, manchmal bleibt die Welt aber auch schmuddelig grau.

Bis vor Kurzem ging es mir so, dass ich den Januar als eine richtige Zwischenzeit empfunden habe. Nicht Fisch, nicht Fleisch. Grau und kalt und auch manchmal eine Vorahnung von Frühling, warm und sonnig oder beides zugleich oder eben Schnee. Ein letztes Mal bäumen sich die Stürme auf und schütteln die Natur noch einmal kräftig durch. Wenn es draußen braust und tobt und der Regen gegen die Fenster peitscht, ist das eine gute Gelegenheit, es sich noch einmal richtig im Haus gemütlich zu machen. Zeit, Kerzen anzuzünden. Zeit, hinauszuschauen. In die stille Zeit des Winters – von der Warte der Natur aus ruht alles bis auf die Stürme – noch einmal tief eintauchen.

Mir fällt es nicht leicht, in der Stille anzukommen. Ein möglicher Weg zur inneren Stille ist der, dass man wahrnimmt, was da ist: ein gemütlicher Sessel, der warme Ofen, ein Dach über dem Kopf, ein gefüllter Kühlschrank, Strom, Licht, ich kann dem Plätschern des Regens zuhören. Und wenn ich anfange aufzuzählen, wofür ich dankbar sein kann, dann beginnt es in mir ruhig zu werden. Stille breitet sich aus.

Feuer hilft mir sehr, in diese dankbare Ruhe einzutauchen.

Ehe ich meine „Dankfeuer" entzünde, gehe ich in die Natur. Ich sammle Holz: Stöcke, Stöckchen, Scheite, Rinde, trockenes Gras. Jedes Stück, das ich aufhebe, steht für etwas, wofür ich dankbar bin. Zu Hause entzünde ich im Kamin, im Ofen, an einer Lagerfeuerstelle, in einem Feuerkorb, in einer Emailleschale auf dem Balkon eine kleine Kerze oder Flamme. Dann verbrenne ich in dem Feuer Stück um Stück meiner gesammelten Dankbarkeit und bete. Ich kann spüren, wie mit jedem Stück, das brennt, meine Kraft in der Stille genährt wird.

Meditation zur Stille

In die Stille zu finden, fällt mir sehr leicht, wenn ich in eine Badewanne steige. In das heiße Schaumbad eintauchen ist wie ein Eintauchen in eine Welt der Stille und Behaglichkeit. Das Wasser umhüllt mich, umschließt mich, wärmt, kuschelt mich ein. Alle Geräusche verschwinden für einen Moment, wenn ich ins Wasser eintauche.

Meine Einladung an dich heute ist, deine Stille-Meditation im Wasser fortzusetzen.

Mach es dir schön. Sauna, Vollbad, Fußbad, heiße Dusche oder Handbad. Such es dir aus. Nimm dir ein Feuerchen zu deinem Bad (zum Beispiel eine Kerze). Tauch ein in die Stille des Wassers. Genieß es.

Und: Bald ist der Winter vorbei. Der Frühling steht bereits in den Startlöchern. Eine gute Gelegenheit, auch den Körper nach dieser tiefen Stille mit vorzubereiten und eine Erneuerung zu machen:

Ich lade dich ein zum Einseifen, Schrubben, Peelen, Abrubbeln. Eincremen, Einsalzen. Ich lade dich ein zum Ausschwitzen, Abblättern, dazu, die Hüllen fallen zu lassen, die alte Haut abzustreifen, den Winter gehen zu lassen, die Haut rosig vorzubereiten auf das Neue. Und dann dürfen Lavastein, Luffagurke, Schwamm und Bims sich mal richtig ins Zeug legen. Mit Salzbad, Zuckerpeeling mit Limette, Fettcreme, Olivenöl, Honig fällt der Winter Stück um Stück von dir ab.

FRÜHLING

Jedes Kind weiß,
was der Frühling spricht:

Lebe, wachse, blühe, hoffe,
freu dich und treibe neue Triebe.

Gib dich hin und
fürcht' das Leben nicht!

HERMANN HESSE

Februar

Impuls: Den Frühling ahnen

Anfang Februar sind die Tage schon merklich länger. Das Licht nimmt sich wieder Raum. Auch wenn die Temperaturen vielleicht noch nicht zum Pflanzen und Säen einladen und noch Schnee liegt, können wir den Winter bereits verabschieden mit einem herzlichen „Winter ade“ und sehnen, beten und rufen die Wärme und das Licht herbei. Es ist eine Einladung, die eigenen inneren Frühlingsprozesse liebevoll anzusehen. Es ist eine Zeit für persönliche Rückschau, eine Zeit zum Vorbereiten, Willkommenheißen, Begrüßen, Einladen, Erleben. Zeit für erste Frühlingsboten und Frühlingsgefühle, denn nach der Nacht kommt der Tag. Nach der Dunkelheit das Licht. Und nach dem Winter der Frühling.

Und wir sind im beginnenden Frühling. Mit dem 1. Februar wurde nach dem keltischen Kalender das Fest „Imbolc“ gefeiert, was so viel heißt wie „im Bauch“. Vermutlich bezog sich das auf die Ablammzeit der Schafe. Aber der Name ist durchaus auch symbolisch zu verstehen, denn im keltischen Fest der Göttin Brigid feiert man zugleich die Strahlende, die Lichtgöttin, und damit die Geburt der Dinge, die so lange in der Erde schlummerten und die Dunkelheit ausgehalten haben. Es ist Zeit der Aussaat, Zeit der Vorschau. Fest der Hoffnung, dass die Dunkelheit der Vergangenheit angehört.

Im christianisierten römischen Kalender feiern wir am 2. Februar Mariä Lichtmess, womit die Zeit beginnt, dass die Frühgottesdienste wieder bei Tageslicht stattfinden. Der christliche Feiertag geht zurück auf die jüdische Tradition, 40 Tage nach der Geburt eines männlichen Kindes Opfergaben in den Tempel zu bringen. Die Mutter unterzog sich einer „Detox"-Kur, einer kultischen Reinigung des Körpers. Die Kirche feiert dieses Ereignis im Leben von Jesus und Maria 40 Tage nach Weihnachten.

Ein schöner Brauch ist es, die Kerzen für das Jahr an diesem Tag segnen zu lassen. Bis zum Frühlingsanfang nach dem römischen Kalender sind es zwar noch sechs Wochen, aber er deutet sich schon an. Und genau deswegen ist jetzt die beste Zeit, den Frühling einzuladen:

Was will Neues wachsen? Welches zarte Pflänzchen wird sich im neuen Jahr erheben? Was will wachsen und gedeihen? Braucht Licht, Liebe und Pflege?

DIY: Erd- und Schneelichter

An Mariä Lichtmess feiern wir die Rückkehr des Lichts. Die lange Zeit der Dunkelheit lässt unsere Sehnsucht nach Sonnenstrahlen, Wärme, Unbeschwertheit und dem Aufbruch des Frühlings wachsen. Nun endlich werden die Tage wieder länger. Ganz langsam. Noch sind sie kurz, die Dunkelheit ist mächtig, das Land von Eis erstarrt, von Schnee bedeckt oder in Grau gehüllt, und die lichtvollen Tage scheinen noch so weit entfernt.

Doch während in der Natur äußerlich alles brach liegt, geschieht Unglaubliches. Es keimt und wächst im Schoß der Erde, Samen und Zwiebeln warten darauf, an die Oberfläche zu brechen, dem Licht entgegenzuwachsen, und in den Bäumen steigen

Säfte empor. Völlig unbemerkt vom Außen bereitet sich im Innen das Leben vor. Auch wenn alles tot scheint, es ist nicht zu Ende. Das Leben kehrt zurück.

Ich möchte dich einladen, Zeichen der Hoffnung zu setzen: Licht, das die Dunkelheit durchbricht. Wärme mitten im Kalten, Erstarrten.

Nimm dir ein paar Teelichter. Grabe kleine Vertiefungen in die Erde deines Gartenbeets, Balkonkastens oder Blumentopfes und setze die Lichter hinein. Wenn draußen Schnee liegt, grabe die Vertiefungen dort. Sei kreativ. Gestalte Lichtbilder: ein Mandala, eine Spirale, ein Kreuz … und entzünde sie als Zeichen des Neubeginns, des Aufbruchs im Stillen, der Hoffnung. Es werde Licht!

Lass deinen Blick auf den tanzenden Flammen ruhen und geh in dich. Wie geht es dem Frühling in dir? Kannst du der neuen Lebenskraft trauen? Erahnst du den Aufbruch? Was keimt in dir und möchte durch die Oberfläche brechen, wachsen, aufblühen und Frucht bringen? Welches innere Feuer brennt in dir und wärmt dich?

Sieh dich in der Natur um. Du wirst altes, totes Pflanzenmaterial vom vergangenen Sommer entdecken. Manches dient dem, was neu wachsen will, als Düngemittel oder Schutz, anderes verhindert sein Wachstum und muss entfernt werden. Wie ist das bei dir? Gibt es noch alte Themen, die es zu verabschieden gilt, um Platz für Neues zu schaffen und Aufbruch zuzulassen? Jetzt ist die Zeit dafür. Sei gewiss, das Neue steht schon in den Startlöchern und wird zu seiner Zeit blühen.

Erdlichter, Schneelichter – mögen sie dir als Zeichen der Hoffnung leuchten. Es wird heller. Jeden Tag ein bisschen mehr.

Impuls: Hoffnung und Neubeginn – das Schneeglöckchen

In der letzten Woche haben wir Lichter der Hoffnung in Erde oder Schnee gesetzt und die Rückkehr der Sonne gefeiert. Noch sind die Tage kurz. Wir stehen im Dunkeln auf und kommen nach einem langen Arbeitstag im Dunkeln wieder nach Hause. Die Natur liegt brach, vielleicht unter einer dicken Schneedecke begraben. Nichts Lebendiges scheint sich hervorzuwagen, da bricht das Schneeglöckchen aus dem kalten Boden. Fast trotzig wächst es den wenigen Sonnenstrahlen entgegen und setzt ein Zeichen der Hoffnung, dass es auch in diesem Jahr wieder Wärme und Licht geben wird.

Einer Legende nach verwandelte ein Engel tanzende Schneeflocken in Schneeglöckchen, um Adam und Eva nach ihrer Vertreibung aus dem Paradies Hoffnung und Freude zu schenken. Vielleicht wurden die Vorfrühlingsblüher auch deshalb als Lichtmess-Glöckchen auf Kirchenaltäre gestreut.

Wie der weiße Stamm der Birke symbolisieren Schneeglöckchen Licht, Reinheit und Neubeginn. Für mich sind sie auch Zeichen von Trotzkraft und Stärke. Sie wagen sich nach draußen ins Ungemütliche, Kalte und Raue. Sie trotzen dem Frost und blühen unbeirrt auch bei Sturm, Regen und Schnee. Dabei wirken die zarten Pflänzchen weder besonders stark noch widerstandsfähig. Es ist nicht unbändige Kraft, die sie überleben lässt. Das kleine Schneeglöckchen produziert Wärme, etwa 10 Grad, um die Schneedecke zu durchbrechen und die Wasserversorgung seiner Zwiebel sicherzustellen. Es fasziniert mich. Was für eine Schöpfungskraft! Welch geniale Kreativität!

Bei der Verbreitung von Schneeglöckchen auf Waldwiesen und in Laubwäldern helfen vor allem Ameisen. Wo es sich wohlfühlt, vermehrt sich das Pflänzchen. Ein Lichtblick der Hoffnung am Ende des kalten Winters. Wenn du in der Natur Schneeglöckchen entdeckst, genieße den Anblick, aber grabe sie nicht aus oder pflücke sie. Die Vorfrühlingsblüher sind in den letzten Jahren immer seltener geworden und stehen unter Naturschutz. Im Sommer oder Herbst kannst du Zwiebeln in deinen Garten oder Balkonkasten pflanzen. Ein schöner Brauch ist es, die Schneeglöckchen am 11. November an Sankt Martin zu pflanzen, damit sie zu Mariä Lichtmess blühen.

Gönne dir einen Moment, um dich ganz in den Anblick des Schneeglöckchens zu vertiefen. Es kann dich in Kontakt mit dir selbst bringen. Öffne dein Herz. Wo spürst du deine Zartheit und Leichtigkeit? Zartheit ist keine Zerbrechlichkeit, keine Schwäche. Gibt es da etwas in dir, das allem scheinbaren Widerstand zum Trotz hervorbrechen und blühen will? Traust du dich, dieses Bedürfnis, diesen Wunsch zu leben? Es ist einfacher, neue Wege einzuschlagen, wenn es da schon andere gibt, die das vor dir getan haben. Sich als Erste aufzumachen, erfordert Mut und Entschlossenheit. Vielleicht ist gerade das deine Aufgabe: aufbrechen, ausbrechen und ein Lichtblick werden. Hoffnung und Wegweiser für die, die nach dir kommen.

DIY: Ein Schneeglöckchen-Fensterbild

Das Schneeglöckchen steht wie keine andere Pflanze als Symbol für Hoffnung und Neubeginn. Ein Lichtblick im trüben, kalten Februar. Eine Zusage, dass die Tage wieder heller und länger werden, die Kraft der Sonne und die Vegetation zurückkehren. Du siehst keine Schneeglöckchen, wenn du aus dem Fenster blickst? Das lässt sich ändern. Hier kommt die Anleitung für ein Fensterbild:

Du brauchst dafür:

- weißes Tonpapier
- weißes Transparentpapier
- Bleistift
- eine feine Schere oder ein Cuttermesser
- Klebestift oder dünnes, doppelseitiges Klebeband
- die Vorlage zum Übertragen des Motivs
- ein LED-Teelicht

Und so geht's:

1. Übertrage die Vorlage aus dem Buch auf die Rückseite des Tonpapiers.
2. Schneide dann mit einer feinen Schere oder einem Cuttermesser die Konturen aus.
3. Schneide weißes Transparentpapier entsprechend des Ausschnittes zu und klebe es von hinten gegen den Tonpapierrahmen.
4. Zeichne nun kleine Blütenblätter auf dem übrigen Transparentpapier und schneide sie aus. Schneller geht es, wenn du das Papier vorher einige Male zusammenfaltest. So musst du nur einmal ausschneiden und erhältst mehrere Blüten.
5. Klebe nun jeweils drei Blütenblätter pro Blüte an die Tonpapierstängel. Probiere aus, ob du die Blütenblätter in doppelter Stärke aufklebst, um einen guten Kontrast zum weißen Hintergrund zu schaffen.
6. Du kannst nun ein LED-Licht hineinstellen. Möchtest du ein Teelicht aus Wachs benutzen, stelle es in einen Teelichthalter aus Glas. Lass die Kerze nur brennen, wenn du im Raum bist.

Impuls: Begegnung mit der Birke

Die Birke ist einer der Bäume, die im Frühling als Erste anfangen, Wasser von den Wurzeln zu den Knospen zu transportieren, und das bringt ihre Heilkraft hervor. Nicht nur beim Anziehen im Frühling ist die Birke die Erste. Sie war zu allen Zeiten auf dieser Erde für die Menschen ein besonderer Baum. Sie ist ein sogenannter Pionierbaum – ein Baum, der es liebt, sich dort anzusiedeln, wo noch nichts ist, und der vieles mitbrachte, was auch der Mensch brauchte. Das ist ein Baum, der neue Standorte „ausprobiert", neue Perspektiven einnimmt. Die Birke überlebt an den unwirtlichsten Orten und ist im Frühling mit ihren Familiengeschwistern Hasel und Erle einer der ersten Bäume, die anfangen zu blühen. Alle, die auf Frühjahrspollen allergisch reagieren, werden wissen, wovon ich spreche.

Die Birke galt bei unseren Vorfahren als wichtiger Baum, der aufgrund seiner Farbe und Eigenschaften das Licht, das Leben, den Neuanfang, die Fruchtbarkeit symbolisiert und darum auch den nun beginnenden Frühling. Das Leben bringt sich neu hervor – dafür steht die Birke. Sie ist wunderschön und unübersehbar. Weiß mit Schwarz leuchten die Stämme durch den Wald. Ihre Mützenkronen wiegen sich sanft, manchmal wild im Wind – wie ein Kleid. Sie wird zu Recht „Die schönste Frau im Wald" genannt – strahlend und aufrecht.

Die Birke ist der „Detox"-Baum des Frühjahrs. Rinde, Knospen, Wurzeln, Saft und Blätter enthalten eine Vielzahl an Stoffen, die in der Naturmedizin und Kosmetik zur Entgiftung und Reinigung genutzt werden. Tinkturen, Tees, Säfte, Heilöl, Massageöl, Haarwasser, Kompressen, Salz, Färbemittel ... Für all das kann man die

Birke nutzen. Zudem sind das Holz und die Rinde ein begehrter und stabiler Werkstoff: Kanus, Täschchen, Dosen, Tassen, Löffel, Besen, Brennholz, Anzünder, Klebstoff und vermutlich noch weit mehr lassen sich daraus herstellen. Natürlich kann man mit Birke auch basteln und dekorieren.

Eh du dir die vielen Eigenschaften der Birke nutzbar machst, lade ich dich ein, ihr einmal zuzuhören. Lehn dich an ihren Stamm und nimm dir Zeit, diesen bezaubernden Baum zu entdecken. Spüre die Wärme, die von diesem Stamm ausgeht. Spüre, wie die Birke das Leben neu hervorbringt. Spüre das Rauschen des Lebenssaftes der Birke, wie es von den Wurzeln in die Krone strömt. Langsam und stark. Auch wenn du noch nichts siehst und die Birke noch keine Blätter hat, die Knospen zu dieser Zeit noch nicht einmal richtig ausgebildet sind: Es strömt an deinem Rücken entlang und durchströmt auch dich.

Spüre, wie die Birke kräftig einatmet. Lass dich von dieser Lebenskraft anstecken. Atme mit. Wie ist es, die Lebenskraft eines anderen Wesens zu spüren? Wie ist es, die Kraft eines anderen Wesens aufzunehmen, wenn die eigene Kraft geringer ist? Lass dich von den Lebenssäften der Birke nähren. Lass dich wärmen und durchströmen.

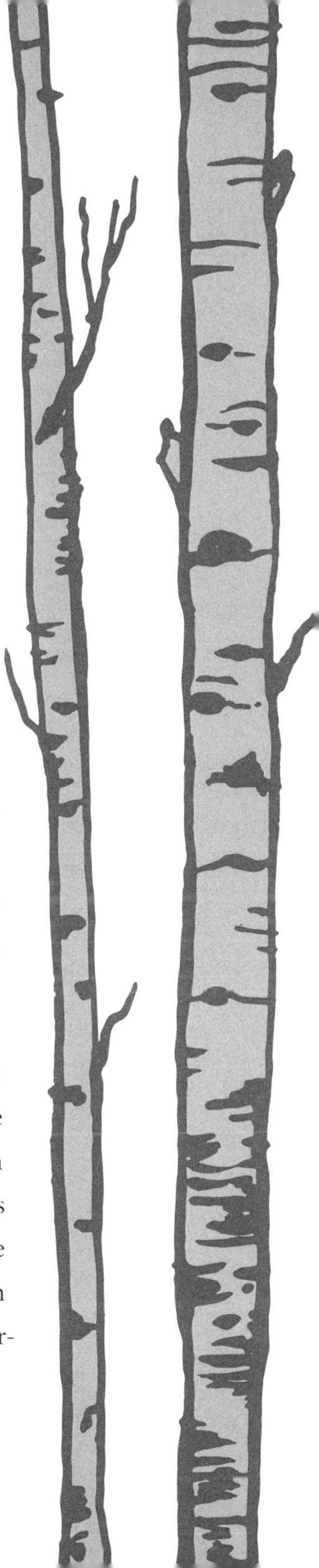

Naturerfahrung: Innere und äußere Reinigung mit der Birke

Ich möchte dich einladen, den strömenden Saft der Birke einmal zu kosten. Das geht ganz einfach. Du brauchst eine leere Plastikflasche, eine Schnur und ein Messer. Je nachdem, wo du lebst, wird die Vegetationsperiode aktuell unterschiedlich vorangeschritten sein. Je nach Fortschreiten der Vegetation wird der Saft strömen. Man muss am Anfang sicherlich ein bisschen ausprobieren, ob es passt und funktioniert.

Such dir an der Birke einen Zweig, der etwa so dick ist wie dein kleiner Finger. Der Zweig sollte braun sein und nicht weiß verholzt. Schneide mit deinem Messer den Zweig schräg ab (du kannst ihn mit heimnehmen und ins Wasser stellen). Wenn der Baum schon so weit ist, wirst du direkt merken, wie der Zweig an der Schnittstelle anfängt zu tropfen. Du kannst probieren, wie der süße Saft der Birke schmeckt. Wenn du magst, häng den Zweig in deine Flasche und fixiere die Flasche mit einer Schnur am Baum so, dass die Schnittstelle des am Baum befindlichen Teil des Zweigs in der Flasche steckt. In kurzer Zeit hast du leckersten Saft in der Flasche. Ist es schon warm genug, strömt es förmlich. Wenn du genug hast – eine Tasse voll sollte für den Frühjahrsschluck ausreichen –, dann bedank dich bei der Birke, die dich mittrinken lässt. Den Schnitt an der Birke kannst du mit etwas Harz oder Baumkleber einfach zukleben, so tropft – blutet – der Baum nicht weiter aus. Mach also ein Pflaster aus Harz drauf, sodass der Baum weiterleben kann – ohne Wunde, denn es wird an dieser Stelle noch ein Weilchen weitertropfen.

Birkensäfte gibt es auch im Supermarkt. Meistens in den Reformabteilungen wird Birkensaft bereits angeboten. Auch in osteuropäischen Geschäften gibt es ihn tetrapackweise. Wenn es dir also zu heikel ist, eine Birke zu bestimmen oder du Mitleid mit dem Baum hegst, dann geh in den Supermarkt und kauf den Saft, statt die Birke anzuschneiden. Manchmal werden im Frühjahr noch Bäume gefällt, und vielleicht ist eine Birke in deiner Nähe dabei. Du kannst dann im Vorfeld noch den Saft dieser Birke zapfen, ehe sie gefällt wird – der fairste Weg für Direktsaft in der Natur.

Es gibt noch mehr Möglichkeiten, die Detox-Wirkung der Birke zu genießen: Die ersten jungen Blätter kannst du einem Salat beimischen oder daraus einen leckeren Tee aufgießen. Getrocknet eignen sich die Blätter als Salzersatz. Jeder Genuss von Birke ist treibend, das heißt, es wird etwas aus deinem Körper ausgeschwemmt. Der kalte Tee aus Birkenblättern ist eine gute Haarspülung oder Badezusatz. Na, bereit für eine birkenhafte Verjüngung?

Impuls: Auf etwas verzichten – die Fastenzeit

Die Fastenzeit – Vorbereitung auf Ostern. Früher war auch die Vorweihnachtszeit dem Fasten gewidmet. Vor den beiden großen christlichen Hochfesten übte man sich in Verzicht, Loslassen und Besinnung.

Die vorösterliche Fastenzeit wird auch heute noch für Aktionen wie „Sieben Wochen ohne …“ genutzt. Wir verzichten auf Alkohol, Bildschirmzeit, Süßigkeiten oder leben – wie im Ursprung des Wortes Karneval (Carne vale = Lebe wohl, Fleisch) – vegetarisch.

Gerade in unserer Zeit des Konsumüberflusses, in der alles jederzeit verfügbar ist, kann bewusster Verzicht uns wieder erden. „Erden“ passt hier gut. In der Natur finden wir in diesen Wochen wenig

Farben, wenig Ernte. Die Erde ruht, während unter ihrer Oberfläche bereits Vorbereitungen für das neue Wachstum stattfinden.

Nehmen wir die Natur als Bild für ein erfülltes Leben. Zeiten des Verzichts und Zeiten des Überflusses wechseln sich ab. Regen und Sonne, Kälte und Wärme, grau in grau und bunte Farben haben ihre Zeit. Und wäre unsere Freude über die ersten wärmenden Sonnenstrahlen, das erste morgendliche Vogelzwitschern, die erste aufbrechende Knospe im Garten nicht nur halb so schön, wenn wir all das ganzjährig hätten? Der Wert einer Kostbarkeit wird uns erst bewusst, wenn wir nicht unbegrenzt über sie verfügen. So führt Verzicht zu bewusster Dankbarkeit.

Es erscheint paradox, doch im Verzichten, im Abgeben und Loslassen gewinnen wir etwas. Neben Dankbarkeit auch das Erleben innerer Freiheit. Entscheide ich mich bewusst dafür, eine lieb gewonnene Gewohnheit aufzugeben, erlebe ich mich als handelnden, selbstwirksamen Menschen. Ich lebe und werde nicht gelebt. Vielleicht wird mir bewusst, dass ich auf manches gut verzichten kann, es mir sogar besser ohne geht, und ich behalte den Verzicht über die Fastenzeit hinaus bei. So entsteht etwas Neues – Aufbruch, Frühling, Auferstehung – in mir. Ich spüre mich und meine wirklichen Bedürfnisse wieder.

Ich möchte dich einladen, ins Freie zu gehen. Suche dir einen Platz, der dir zu allen Jahreszeiten vertraut ist, und sieh dich um. Schließe die Augen und erinnere dich an den letzten Sommer. Wo hast du hier Überfluss erlebt? Welche Blumen und Sträucher haben dich mit ihrem Duft und ihren kräftigen Farben begeistert? Was hast du gehört?

Öffne nun die Augen. Was siehst du jetzt? Dringen Geräusche an dein Ohr? Welche Gefühle rufen deine Wahrnehmungen in dir hervor? Spürst du Trauer? Ein Sehnen nach der warmen Jahreszeit? Oder tut die Reduktion deiner Seele gut? Empfindest du wohltuende Ruhe? Vielleicht hast du auch widersprüchliche Empfindungen.

Übertrage die Wahrnehmung auf dein Leben und stelle dir folgende Fragen: Wie gehe ich mit Zeiten großer Fülle/Erfüllung um? Und wie (er-)lebe ich Zeiten des Verzichts und der Entbehrung?

Naturerfahrung und Achtsamkeitsübung

Der bewusste Verzicht in der Fastenzeit kann eine heilsame Unterbrechung meines Alltags bedeuten. Wenn mir etwas fehlt, wird mir entweder bewusst, dass es mir vielleicht gar nicht wirklich fehlt, ja, ich den Verzicht sogar als Befreiung empfinden kann. Oder ich bemerke, wie wertvoll mir dieser Gegenstand/diese Gewohnheit ist. Ich vermisse etwas, vielleicht sogar schmerzlich, und ich werde ihm mehr Beachtung, mehr Wertschätzung entgegenbringen, wenn die Zeit des Verzichts zu Ende ist. Ich gehe achtsamer mit den Geschenken meines Lebens um.

Lass dich auf eine kleine Achtsamkeitsübung ein. Suche dir einen Platz in der Natur und nimm einen Zeichenblock mit. Sieh dich um. Zu welcher Pflanze fühlst du dich hingezogen? Ist es ein Schneeglöckchen oder ein Blatt? Treibt es gerade aus oder ist es verwelkt?

Schließe nun deine Augen und verzichte in den nächsten Minuten auf deinen Sehsinn. Beginne damit, die Pflanze mit deinen Händen zu entdecken. Lass deine Finger behutsam von unten nach oben wandern. Was fühlst du? Gibt es feine Haare auf der Pflanze? Sind die Rillen des Blattes zu spüren? Welche Form hat dein

Gewächs? Spüre Beschaffenheit und Temperatur. Präge dir Besonderheiten ein.

Erkunde die Pflanze als Nächstes mit deiner Nase. Obwohl wir im Alltag sehr auf unseren Seh- und Hörsinn fixiert sind, spielt der Geruchssinn eine wesentliche Rolle. Direkt nach der Geburt kann ein Baby noch nicht scharf sehen, aber es findet seine Nahrungsquelle, die mütterliche Brust, über den Geruch. Wir sprechen davon, dass wir jemanden nicht riechen können, wenn er uns unsympathisch ist. Der Geruchssinn ist unmittelbar mit unseren Gefühlen und Erinnerungen verbunden. Selbst ein alter Mensch wird bei bestimmten Gerüchen in vergangene Situationen zurückversetzt.

Kannst du dich an den Geruch deiner Kindheit erinnern? Meine Kindheit duftet nach Maiglöckchen.

Zurück zu deiner Pflanze: Probiere verschiedene Abstände aus. Wie sehr musst du dich nähern, um etwas riechen zu können? Ist es ein Wohlgeruch oder möchtest du den Abstand lieber vergrößern? Welche inneren Bilder werden wach?

Jetzt brauchst du deinen Zeichenblock. Versuche die Pflanze, der du dich in den letzten Minuten so intensiv genähert hast, auf das Papier zu bringen. Lass die Augen dabei geschlossen. Keine Angst. Es geht nicht darum, ein Kunstwerk zu erschaffen. Zeichne die Pflanze in einem Zug, ohne den Stift abzusetzen.

Am Ende der Übung öffnest du deine Augen wieder. Lass sie über die Pflanze wandern. Nimmst du nun andere Einzelheiten wahr als vorhin? Es heißt, nach der bewussten Wahrnehmung mit verschiedenen Sinnen findet das menschliche Auge „seine Pflanze" unter den anderen wieder. Wie gut, wenn wir alle Sinne beieinanderhaben.

MÄRZ

Impuls: Ins Gleichgewicht finden mit der Tagundnachtgleiche

Die ersten wärmeren Tage schauen um die Ecke. Erste Bäume blühen und lassen junges Grün sehen. Die Frühblüher übersäen die Rasenflächen. Jede Wurzel und Knolle lässt sich wecken. Das Leben und das Licht sind zurückgekehrt. Ich frage mich jedes Jahr aufs Neue, wie die Pflanzen ein so perfektes Timing haben, dass sie genau dann blühen, wenn es warm genug ist. Ob der Krokus erst aus der Erde kommt, wenn die Sonne kitzelt? Eine Wohltat für die Augen und für das Herz, die Erde so erwachen zu sehen. Die ersten Aussaaten können gemacht, die ersten wilden Pflanzen können sogar schon geerntet werden. Düfte überall.

Auch der eigene Körper streckt sich mehr und mehr nach der Sonne aus. Eine Zeit der Inspiration, der Frühlingsgefühle, des Aufbruches, des Wachwerdens. Mir geht es meistens so, dass den ersten warmen Tagen eine Zeit folgt, in der ich Bäume ausreißen möchte, in der meine Kraft aus dem Winterschlaf erwacht, ich noch mehr Ideen als sonst und „Hummeln“ habe, wie man so schön sagt, und alles gleichzeitig anpacken, ordnen, sortieren, harmonisieren möchte.

Mit dem Blick in die Natur kann ich etwas Wichtiges lernen. Tag und Nacht sind rund um den kalendarischen Frühlingsbeginn gleich lang. Am 20. März sogar ziemlich exakt. Alles ist im Gleichgewicht. Perfekte Harmonie. Für einen Moment zumindest. Und das ist das, was ich lernen kann: Die perfekte Harmonie, das tiefe immerwährende Gleichgewicht, ist ein Ideal und nur für einen Moment zu treffen. Das ist etwas, was mich sehr beruhigt und glücklich macht, denn viele Übungen – auch spirituelle – in unserer Zeit drehen sich darum, eine dauerhafte perfekte Harmonie zu erreichen, wenn nicht sogar eine Optimierung (zum Beispiel meiner Ausgeglichenheit, um perfekte Routinen bis hin zu den immer aufgeräumten Wohnungen und Schubladen). Das hat mich schon immer in Stress versetzt.

Doch das Leben ist anders, wie es mich jeden Tag lehrt. Die Schubladen sind meistens nicht aufgeräumt, die Tagesroutinen fallen mir schwer, die spirituellen Übungen bekommen oft zu wenig Zeit ab. Manchmal strengt das Leben an, manchmal gelingt es aus sich selbst heraus. Die perfekte Harmonie ist ein Teil des Ganzen. Im Kalenderjahr kommt sie übrigens auch nur zweimal vor, in den Tagundnachtgleichen. Vielleicht ist das eine sehr beruhigende und schöne Übung anzuerkennen, dass diese Harmonie eine Ausnahme ist und das Normale, das Leben jeden Tag, die Nichtbalance ist. Es geht nicht um das Optimieren im Leben, sondern darum anzuerkennen, dass wir im steten Wandel sind.

Die Tagundnachtgleiche ist eine Einladung, etwas in Balance zu bringen. Dich selbst oder vielleicht deine Beziehungen mit anderen. Vielleicht ist es Zeit zu verzeihen oder um Verzeihung zu bitten. Auch kann dieser Tag eine Einladung sein, das Unperfekte zu feiern, das Schiefe gerade sein zu lassen und zu improvisieren, statt zu planen. Vielleicht lädst du ein paar Leute zu einem improvisierten Lagerfeuerabend ein. Schau, was von allein entsteht.

DIY: Ein Sonnenbrot backen

Die Tagundnachtgleiche bringt uns die Sonne zurück. Ab morgen sind die Tage wieder länger als die Nächte. Ostara steht für das Wiedererwachen der Natur, für Licht, Wachstum und Fruchtbarkeit. Die Bauern bereiten ihre Felder für die Aussaat vor. Nach einem alten Brauch schritten sie dafür ihr Land ab und steckten an jeder Ecke Kräuter, Weidenäste oder Kerzen in den Boden. Mit diesem Segensritual, auch Feldweihe genannt, baten sie um Schutz der Felder und eine reiche Ernte.

Hast du Lust, an diesem besonderen Tag ein Sonnenbrot für dich und deine Familie oder Freunde zu backen? Es ist ein schönes Symbol für die Kraft der Sonne. Backe dafür ein Brot nach deinem Lieblingsrezept, zum Beispiel dieses:

Zutaten:

- 400 g Mehl (Dinkel oder Weizen)
- 250 ml lauwarmes Wasser
- ½ Würfel Hefe
- 1 TL Zucker
- 10 g Salz

Zubereitung:

1. Löse die Hefe im lauwarmen Wasser auf. In der Zwischenzeit mischst du Mehl, Zucker und Salz in einer Schüssel.
2. Gib nun das Hefewasser dazu und verknete die Masse.
3. Stelle die Schüssel an einen warmen Ort und decke sie mit einem frischen Geschirrtuch ab. Lass den Teig etwa 45 Minuten gehen.

4. Gib ihn anschließend auf eine bemehlte Arbeitsfläche und knete ihn noch einmal gut durch.
5. Teile den Teig dann in acht Stücke.
6. Forme eines zu einer runden Kugel und lege es auf ein mit Backpapier ausgelegtes Blech.
7. Die sieben weiteren Teigstücken formst du zu Tropfen, die nach außen spitz zulaufen (Sonnenstrahlen). Lege die Strahlen nun dicht um die Kugel in der Mitte.
8. Bestäube alles mit ein wenig Mehl und lass den Teig weitere 15 Minuten ruhen.
9. Jetzt schneidest du die Sonnenstrahlen mittig mit dem Küchenmesser ein.
10. Backe dein Sonnenbrot bei 200 Grad ca. 20 bis 30 Minuten. Gib dabei ein Schälchen Wasser mit in den Ofen, das unter dem Backblech steht.

Impuls: Etwas willkommen heißen – Palmkätzchen

Die christliche Kirche begeht an diesem Wochenende den Palmsonntag und gedenkt an den Einzug Jesu in Jerusalem. Der Messias wurde von der Menschenmenge wie ein König empfangen, indem man ihn mit Palmwedeln willkommen hieß. Mit den Zweigen der im Orient als heiliger Baum geltenden Palme ehrte man damals mächtige Sieger und Herrscher. Welch ambivalentes Bild das gewesen sein muss: ein Empfang, der eines Königs würdig gewesen wäre, für einen Mann, der schlicht und bescheiden auf einem einfachen Esel dahergeritten kam.

In Ermangelung von Palmen wurden nördlich der Alpen einheimische Pflanzen gefunden, um den Palmsonntag angemessen zu begehen. Man verwendete vor allem jene, die für Schutz und Segen standen. Neben immergrünen Pflanzen wie Buchs, Wacholder oder Thuja wurden die Zweige des Weidenkätzchens zu Palmbuschen gebunden, woher sich auch der Name Palmkätzchen ableitet. Über 400 Weidenarten sind uns bekannt. Zum Binden der Buschen für die Palmsonntagsprozession nutzt man meist die Zweige der Silberweide. Mit Bändern und österlichen Symbolen geschmückt, werden die Palmbuschen im Gottesdienst gesegnet.

Ähnliche Rituale sind bereits aus vorchristlicher Zeit bekannt und gehörten zu den Frühjahrsbräuchen. Durch die geweihten Zweige sollten Haus und Hof vor Gefahr durch Unwetter geschützt und die Felder besonders fruchtbar werden. Die Kelten verbrannten symbolisch eine aus Weidenzweigen und Heu hergestellte Winterfigur und begrüßten die Lichtgöttin Brigid, Schutzherrin des Viehs und der Ernte. Sie feierten das Wiedererwachen der Natur durch ein Frühlingsfest und steckten Weidenzweige in ihre Felder. Weiden galten ihnen als heilige Bäume, aus deren Holz sie Harfen bauten. Nach keltischem Verständnis stand die Weide in besonderer Beziehung zu Mond und Wasser. Sie symbolisierte die Wiedergeburt der Natur, und ihr wurden Heilkräfte zugeschrieben. Tatsächlich wissen wir heute, dass Weidenrinde Salicin enthält, einen der

Hauptbestandteile von Aspirin. Er wirkt entzündungshemmend und lindert rheumatische Beschwerden. Hildegard von Bingen verwendete Weidenrindentee gegen Schmerzen und Fieber.

Weiden haben eine im Vergleich zu anderen Bäumen relativ kurze Lebenserwartung von maximal 100 Jahren. Wohl aus diesem Grund wächst die Weide rasch und durchwurzelt dabei den Boden. Weidentriebe sind flexibel und biegsam und damit gut zur Korbflechterei geeignet. Auch Wünschelruten zum Aufspüren von Wasseradern bestehen aus Weidenmaterial.

Für Bienen ist die früh blühende Weide lebenswichtige Nahrungsquelle, weswegen das Schneiden wilder Palmkätzchen für den Osterstrauch verboten ist. Palmsonntag – die christliche Tradition heißt an diesem Tag Jesus willkommen und feiert ihn als Friedenskönig, der die Menschen vereint und mit Gott versöhnt. Seine spätere Auferstehung steht für Hoffnung und Neuanfang. Zugleich beginnt mit diesem Tag die Karwoche oder heilige Woche, in der in besonderer Weise an Leiden und Tod des gerade noch als Messias gefeierten Jesus gedacht wird. In der keltischen Tradition wird die wieder erwachende Natur begrüßt. Auch hier: Aufbruch und Hoffnung. Was möchte in dir aufblühen und willkommen geheißen werden?

DIY: Palmbuschen binden

Palmsonntag erinnert uns an den Einzug Jesu in Jerusalem. Die begeisterte Menge begrüßte ihren Messias und jubelte ihm mit Palmzweigen zu. Noch heute gedenkt man dieses Ereignisses in überwiegend katholischen Gegenden mit Palmsonntagsprozessionen. Dem vorneweg laufenden Kreuzträger folgt ein Menschenzug mit geschmückten Palmbuschen, die beim sich anschließenden Gottesdienst gesegnet werden. Sie bestehen in südlichen Ländern tatsächlich aus Palmen. Nördlich der Alpen findet Verwendung, was zu dieser frühen Jahreszeit bereits grünt. Die geweihten Palmbuschen bekommen zu Hause einen besonderen Platz, wo sie das ganze Jahr über bis zum nächsten Palmsonntag bleiben. Einer der Palmbuschen wird in der Kirche verbrannt und seine Asche als Kreuz auf die Stirn der Gottesdienstbesucher an Aschermittwoch gezeichnet.

Traditionell hängt man kleinere Buschen zu Hause über das Kreuz im sogenannten Herrgottswinkel oder über das Bett. Größere Palmbuschen steckt man in die Erde vor dem Haus oder auf Äcker und Felder. Der Glaube an die schützende Wirkung war in früheren Zeiten so groß, dass die gesegneten Buschen auch in Säuglingswiegen und Brautbetten platziert wurden.

Traditionell wird ein Palmbuschen aus sieben Naturmaterialien gebunden und anschließend geschmückt. Dabei steht die Farbe Grün für das Leben und die Hoffnung. In einigen Gegenden wird neben dem immergrünen Naturmaterial auch Eichenlaub verwendet.

Als Material können – regional unterschiedlich – zum Beispiel folgende Pflanzen zum Einsatz kommen:

- Haselnuss
- Buchsbaum
- Zeder
- Wacholder
- Ilex (Stechpalme)
- Lärche
- Birke
- Efeu
- Immergrün
- und natürlich Palmkätzchen

Tipp: Schneide z. B. Haselnuss und Palmkätzchen (bitte nicht von wilden Weiden) schon zwei bis drei Wochen vor Palmsonntag und stelle sie in eine Vase mit Wasser, damit sie rechtzeitig austreiben.

Du benötigst außerdem:

- einen möglichst geraden Ast (gern wird Haselnuss verwendet)
- Blumendraht
- eine Gartenschere
- Floristenband (grünes elastisches Klebeband) oder Schleifenband
- Material zum Schmücken des Palmbuschens

Und so bindest du deinen Palmbuschen:

1. Schneide Zweige und Palmkätzchen auf die richtige Länge zu.
2. Falls du ein Sträußchen und keinen Stecken binden möchtest, gehe weiter zu Schritt 4.
3. Ordne die Zweige und Kätzchen nach und nach um den Stecken und befestige sie jeweils mit Blumendraht.
4. Als Letztes bindest du Efeu oder Immergrün in den Strauß und lässt es herunterhängen.
5. Umwickle die Zweigenden und den Draht mit Floristen- oder Schleifenband, bis sie nicht mehr zu sehen sind.
6. Dekoriere deinen Palmbuschen z. B. mit buntem Kreppband, Blumen, Kränzen oder Fastenbrezeln.

In manchen Gegenden steckt man Äpfel in Anzahl der Familienmitglieder auf den Haselnussast. Kleinere Palmbuschen passen gut auf den vorösterlichen Jahreszeitentisch. Größere kannst du in den Garten oder in einen Blumentopf vor dem Haus stecken.

Impuls: Gemeinschaft feiern am Gründonnerstag

Hast du schon einmal herausgefunden, woher das Wort „Gründonnerstag" kommt? Leider eben nicht von der Farbe Grün, wie ich immer vermutet habe, sondern von dem altdeutschen Wort „greinen", also: klagen, weinen. Die Klage bezieht sich auf Jesu Tränen im Gebet vor dem Entschluss, sein Schicksal anzunehmen. Es ist also erlaubt zu trauern, zu klagen, etwas zu beweinen. Abschied zu nehmen, zu feiern, dass etwas zu Ende und in etwas Neues übergeht. Zumindest ist das ein Aspekt des christlichen Osterfests, das damit beginnt, daran zu erinnern, wie Jesus mit seinen Freunden ein letztes Mal zusammen ein Fest feierte und sie darauf vorbereitete, dass er sie verlassen werde.

Seit vielen Jahren ist Gründonnerstag mir darum ein liebstes Fest. Ein Treffen mit Freunden. Ein reich gedeckter Tisch: Brot, Wein, Lamm, Kräutersalate, Dattelcreme, hart gekochte Eier – manches Mal mit Zwiebelschalenfärbung, Orangen. Zeichen des Abendmahlstischs und der Erinnerungssymbole aus jüdischer Tradition. Geschmückt mit Kerzenlicht, Nägeln, Rosenblättern. Wir singen Lieder, wir lesen Texte der Erinnerung, wir feiern. Wir üben uns, uns daran zu gewöhnen, dass das Leben endlich ist. Dass es Abschiede gibt, dass es Dunkelheit gibt.

Gründonnerstag ist für mich die stärkste Übung in Gemeinschaft. Der Abstieg in das Dunkle ist auch eine Übung, das Leben lieb zu haben und es zu genießen und dankbar zu sein. Heute wissen wir, dass auf dieses Fest das Fest der Auferstehung, des Lichtes, des Lebens folgt. Die Freunde von Jesus Christus hatten diese Vorstellung oder Ahnung noch nicht. Ihr Trauern ist endgültig.

Trauern und Schmerz und Dunkelheit tun weh, gehen an die Substanz, zerren an mir, lassen mich zurück. Und sie lassen sich leichter in Gemeinschaft aushalten und gemeinsam lässt sich die Nacht abwarten, ehe der neue Tag anbricht.

Auch außerhalb der jüdisch-christlichen Tradition gibt es die Denkweise, dass etwas in die Dunkelheit hinabsteigen muss, um zu neuem Leben zu kommen. Ostara, wie die Kelten es feierten, feiert auch das Grün, den Neubeginn, die Wiederauferstehung der Natur nach langer, nötiger Winterzeit. Daher kommen die Symbole des Eierfärbens, Osternester, Zweige schmücken, Osterlamm und Osterhasen essen und so weiter.

Ein Gedicht, das mir in schweren, dunklen Zeiten ein wichtiger Trost war, möchte ich hier mit dir teilen. Du darfst Sequenzen nehmen, ersetzen, verändern, so wie dein Herz spricht. Willkommen, das Gedicht zu deinem Gedicht zu machen.

In jeder Nacht, die mich bedroht,
ist immer noch dein Stern erschienen.
Und fordert es, Herr, dein Gebot,
so naht dein Engel, mir zu dienen.
In welchen Nöten ich mich fand,
du hast dein starkes Wort gesandt.

Hat banger Zweifel mich gequält,
hast du die Wahrheit nie entzogen.
Dein großes Herz hat nicht gezählt,
wie oft ich mich und dich betrogen.
Du wusstest ja, was mir gebricht.
Dein Wort bestand: Es werde Licht!

Hat schwere Sorge mich bedrängt,
ward deine Treue mir verheißen.
Den Strauchelnden hast du gelenkt
und wirst ihn stets vom Abgrund reißen.
Wann immer ich den Weg nicht sah:
Dein Wort wies ihn. Das Ziel war nah.

Hat meine Sünde mich verklagt,
hast du den Freispruch schon verkündet.
Wo hat ein Richter je gesagt,
er sei dem Schuldigen verbündet?
Was ich auch über mich gebracht,
dein Wort hat stets mein Heil bedacht.

In jeder Nacht, die mich umfängt,
darf ich in deine Arme fallen,
und du, der nichts als Liebe denkt,
wacht über mir, wacht über allen.
Du birgst mich in der Finsternis.
Dein Wort bleibt noch im Tod gewiss.

Jochen Klepper, Trostlied am Abend

Naturerfahrung: Grüne Neune

An Gründonnerstag möchte ich den Sämereien schon zusehen, wie aus einem braunen kleinen Korn ein grüner Spross keimt und zu einer Pflanze wird. Am besten ist es natürlich, aus dem Haus zu gehen und den Pflanzen beim Wachsen zusehen. Draußen gibt es eine große Fülle an wilden und sehr schmackhaften Kräutern, die nur jetzt ihr Aroma und ihre Intensität entfalten. Die meisten dieser Kräuter wirken sofort gegen die Mangelerscheinungen des Winters und sind Vitamin- und Nährstoffbomben. Zum Beispiel das wilde Scharbockskraut – auch Skorbutkraut – ist eines der ersten Kräuter im Jahr, die vor allem Vitamin C enthalten. Welche Wohltat nach dem Winter – wenn man als Kelte gerade keine Orangen zur Hand hatte. Als Zeichen, dass der Winter vorbei ist und das Grün sich ausbreitet, gab es den Brauch, aus neun wilden Kräutern eine Suppe zu kochen, die sogenannte Grüne Neune.

Um diese Suppe zu kochen, muss man sich natürlich mit Kräutern auskennen, denn es sollte nur das gegessen werden, was du wirklich einwandfrei bestimmen kannst. Gerade diese Frühjahrkräuter haben Doppelgänger, die oft giftig sind. Das prominenteste Beispiel ist der Bärlauch, der dem Maiglöckchen zum Verwechseln ähnlich sieht: nur dass das Maiglöckchen tödlich wirkt. Also: Von den Alten und Kräuterweisen lernen oder im Kräuterhandel nachfragen, denn dort kann man diese Kräuter meistens als Topfware kaufen. Im Frankfurter Raum kann man sie sogar als fertiges „Grüne-Neune-Kräuterpäckchen" für die traditionelle Grüne Soße im Supermarkt bekommen. Oder du greifst auf eingefrorene Kräuter und Frischware aus dem Supermarkt zurück – wenn du in der Natur nichts bestimmen kannst oder magst.

Vielleicht ist es erleichternd, dass du dich nicht an die neun bestimmten Kräuter halten musst, sondern auch nach Lust und Laune andere Kräuter wählen kannst. Wenn du also kein Gundermann magst, sondern lieber Petersilie, dann ist das auch sehr okay.

Traditionell werden diese neun Kräuter für die Suppe genommen:

- Bärlauch
- Gundermann
- Gänseblümchen
- Brennnessel
- Scharbockskraut
- Löwenzahn
- Sauerampfer
- Vogelmiere
- Knoblauchrauke

Aber auch Scharfgarbe, Labkraut, Taubnessel, Wiesenschaumkraut, junge Buchenblätter, junge Birkenblätter, Spitzwegerich, Giersch und Lungenkraut können das Portfolio erweitern. Und aus dem Gemüsegarten gesellen sich dann die typischen Kräuter wie Lauch, Schnittlauch, Petersilie, Thymian, Salbei, Kresse, Minzen und andere dazu.

Hier ist das Rezept für vier Personen:

1. Nimm eine kleine Zwiebel, hacke sie klein, schwitze sie in etwas Öl an.
2. Dann gieße alles mit einem Liter Gemüsebrühe auf.
3. Raspele eine mehligkochende Kartoffel in deine Suppe.
4. Dann kommen die „Grüne-Neune-Kräuter“, zwei Hände voll, handverlesen, gewaschen und fein klein gehackt in die Suppe.

5. Köcheln lassen.
6. Vielleicht pürieren oder stückig lassen je nach Vorliebe. Salz und Pfeffer dran.
7. Und wer mag, kann die Suppe mit Schmand verfeinern.

Wenn es schnell gehen soll und du ein bisschen Grüneffekt haben willst oder es einfach noch zu kalt ist, um wilde Kräuter finden zu können oder Ostern (viel zu) früh im Jahr ist: Ich liebe es sehr, in der Woche vor Ostern schon Kressebetten zu säen. Dazu kaufe ich Kressesamen und streue sie auf nasse Watte. Meistens habe ich die Watte in einer dekorativen flachen Schale oder Teller ausgebreitet. Samen drauf und immer feucht halten, aber nicht zu nass. Mit Wärme und Sonnenlicht gehts dann noch schneller. In wenigen Tagen keimen die Samen und bilden leckere Brotdekorationen. An Ostern habe ich dann ein zusätzliches Kressebett für gefärbte Eier.

Impuls: Das Leben ist stärker als der Tod – Ostersonntag

Meine schönsten Ostererinnerungen haben mit Licht zu tun. Die besinnlich-melancholische Stimmung in der dunklen Kirche und dann das Hereintragen der Osterkerze. Nach und nach entzündet jeder von uns seine eigene Kerze an ihr, und in der Kirche wird es immer heller. Licht und Hoffnung breiten sich aus. Es liegt ein Lächeln in jedem Gesicht, wenn wir uns gegenseitig zusprechen: „Der Herr ist auferstanden."– „Er ist wahrhaftig auferstanden."

2020 gab es pandemiebedingt keine Ostergottesdienste in den Kirchen. Wir fuhren als Familie noch in der frühen Morgendämmerung hinaus ins Grüne, entzündeten dort unsere Osterlichter und beobachteten, wie die Sonne über dem Feld aufging und langsam immer größer und kräftiger wurde.

Ostern – Licht siegt über die Dunkelheit, Leben triumphiert über den Tod. Jesus ist auferstanden. Auch in der Natur findet eine Wiedergeburt statt.

In vielen ländlichen Gebieten gibt es die Tradition des Osterfeuers. Manchmal wird die Osterkerze an dem geweihten Feuer entzündet. Sie leuchtet das ganze Jahr über im Gottesdienst. An jeder Taufe wird die Taufkerze als Symbol für Jesus, das Licht der Welt, an der Osterkerze entfacht.

Bereits die Kelten brachten im Frühling Feuer zum Brennen. Man vertrieb damit symbolisch den Winter und begrüßte die Sonne. Die reinigende Kraft des Feuers sollte Schutz vor Unheil bewirken und die Fruchtbarkeit der Felder sicherstellen. Man verstreute dazu Asche über die Äcker und hoffte auf eine gute Ernte. Schon immer wurde das Licht als Zeichen des Lebens in den verschiedensten Kulturen mit Ritualen und Zeremonien gefeiert. Ohne die licht- und wärmespendende Kraft der Sonne gab es kein (Über-)Leben. Feuer wurden stellvertretend für die Sonne entzündet.

In Norddeutschland und im Harz ist der über 2 000 Jahre alte Brauch des Feuerrades verbreitet. Dabei wird in der Osternacht ein großes, mit Stroh ausgekleidetes Holzrad in Brand gesteckt und einen Hügel hinuntergerollt. Kippt das Rad auf seinem Weg, soll das eine schlechte Ernte ankündigen. Rollt es gerade, bringen die Felder gute Erträge. Der imposante Anblick des brennenden, rasch den Hügel hinabrollenden Rades ähnelt einem glühenden Feuerball – ebenfalls eine Versinnbildlichung der Sonne.

Entzünde dein eigenes Osterfeuer. Du kannst dafür eine öffentliche Lagerfeuerplatzstelle aufsuchen, die Feuerschale in deinem Garten nutzen oder du entzündest eine (Oster-)Kerze und stellst ein feuerfestes Schälchen daneben. Lege dir außerdem ein paar kleine Zettel und einen Stift bereit. Die Kelten verbrannten zu Frühlingsbeginn symbolisch den Winter. Wo spürst du noch Winter in dir? Was fühlt sich abgestorben oder erstarrt an? Wovon möchtest du dich verabschieden, um den Neubeginn des Frühlings, die Auferstehungskraft unbelastet willkommen zu heißen? Schreibe es auf und verbrenne den Zettel in deinem Feuer. Wenn du möchtest, kannst du etwas Räuchermaterial in die Glut geben. Lass los, was dich belastet.

Vielleicht möchtest du als Zeichen für Aufbruch und Hoffnung neues Leben pflanzen. Säe Blumensamen in dein Gartenbeet, den Balkonkasten oder einen Blumentopf. Du kannst – wie die Kelten – die Asche deines Feuers über die Erde streuen. Oder du schöpfst Osterwasser aus einer Quelle oder einem Bach und begießt sie damit. Auf der nächsten Seite erfährst du mehr über die besondere Geschichte des Osterwassers.

DIY: Ein Osterwasserschälchen aus Lehm

Wasser gilt als Symbol für Leben und Fruchtbarkeit. Daraus haben sich etliche Bräuche entwickelt. In der Nacht von Samstag auf Ostersonntag machten sich beispielsweise Mädchen und junge Frauen zu Bächen oder Quellen auf, um daraus Wasser zu schöpfen. Dabei mussten sie ihren Weg zwischen Mitternacht und Sonnenaufgang zurücklegen, ohne gesehen zu werden. Sollte ihnen doch jemand unterwegs begegnen, durften sie nicht sprechen, da sonst – so die

Legende – die Wirkung des Osterwassers verloren ging. Junge Männer machten sich häufig einen Spaß daraus und lauerten den Mädchen auf, um sie in ein Gespräch zu verwickeln. Gelang ihnen das, wurde das Wasser zu wertlosem „Plapperwasser".

Schönheit und Fruchtbarkeit erwartete man sich von einer Reinigung mit dem heiligen Osterwasser. Daher wuschen sich jung verheiratete Frauen gerne damit, wenn sie auf baldigen Nachwuchs hofften.

Im Christentum kommt dem nassen Element seit jeher eine besondere Bedeutung zu. Traditionell in der Osternacht geweihtes Wasser wird für Taufen ebenso verwendet wie für das Weihwasser am Eingang katholischer Kirchen, mit dem sich die Gläubigen bekreuzigen. Mancherorts wird nach dem Gottesdienst etwas geweihtes Wasser mitgenommen, um das Haus zu segnen. Auch heilende Wirkung wird dem Osterwasser nachgesagt. So wurde in früheren Zeiten das Vieh in der Osternacht zum Trinken an Bäche geführt, um es vor Krankheiten zu schützen. Alternativ bespritzte man Mensch und Tier mit geweihtem Osterwasser. Auch Regenwasser aus der Osternacht galt als heilig.

Vielleicht möchtest du deinen Osterspaziergang dafür nutzen, dir ein wenig Wasser aus einer Quelle oder einem Bach nach Hause zu holen. Es muss ja nicht unbedingt zwischen Mitternacht und Sonnenaufgang sein. Du kannst die Wertigkeit des Wassers unterstreichen, indem du ein schönes Gefäß dafür verwendest.

Hast du Lust, eine besondere Verbindung zur Erde zu schaffen und ein kleines Schälchen aus Lehm für dein Osterwasser zu formen? Es geht ganz einfach.

Besonders in Wassernähe, also an Seen, Tümpeln, Bachläufen oder Flüssen, gibt es lehmiges Material. Je nach Bodenbeschaffenheit wirst du vielleicht sogar in deinem Garten fündig. Grabe durch die oberste Erdschicht, bis du auf Lehm stößt. Wenn die Masse kleine Steinchen enthält, kannst du sie mit etwas Wasser durch ein grobes Küchensieb streichen. Knete dann den gereinigten Lehm in deinen Händen und gib immer wieder etwas Wasser dazu, bis die Masse sich gut formen lässt. Entstehen kleine Risse, ist der Lehm noch nicht feucht genug. Entferne weiterhin kleine Steinchen und Blätter. Jetzt formst du den Lehm zu einer Kugel. In die Mitte drückst du mit dem Daumen eine Vertiefung. Währenddessen drehst du die Kugel und formst dein Schälchen halbrund. Dazu streichst du den Lehm von innen nach oben. Gib bei Bedarf etwas Wasser dazu, um entstehende Risse zu verschmieren. Wenn dein Schälchen die richtige Form hat, stelle es auf einen geraden Untergrund und drücke es etwas an, um eine glatte Stellfläche zu erhalten. Jetzt muss das Ganze etwa ein bis zwei Tage an der Luft trocknen, damit die Feuchtigkeit langsam entweichen kann. Setze das Schälchen dabei aber keiner direkten Sonneneinstrahlung aus.

Wenn du möchtest, kannst du dein Werk im Feuer brennen. Lege es dafür zunächst etwas abseits der Flammen in die Glut und erhöhe dann die Hitze. Es kann passieren, dass der Lehm beim Brennen reißt. Deshalb solltest du zur Sicherheit mehrere Schälchen formen.

APRIL

Impuls: Himmelszeichen der Hoffnung – Regenbogen

Sommerliche Temperaturen oder ein später Wintereinbruch – das Wetter macht im April bekanntlich, was es will. Manchmal kann es sich nicht zwischen Regen und Sonne entscheiden und malt einen bunten Regenbogen an den Himmel. Ich weiß nicht, wie es dir geht, aber wenn ich einen Regenbogen sehe, muss ich automatisch lächeln. Und meistens bin ich nicht die Einzige. Vielleicht steht auch deshalb kaum ein Naturphänomen für so viel Positives. Aufbruch und Veränderung werden in Zusammenhang mit dem Regenbogen genannt, genauso wie Frieden, Toleranz, Harmonie, Ganzheitlichkeit, Vielfalt und Hoffnung.

Ist unsere Schöpfung nicht einzigartig kreativ? Da wird Sonnenlicht, das auf einen Regentropfen trifft, einfach in seine farbigen Bestandteile zerlegt und an der Rückseite des Tropfens reflektiert, wodurch wir einen bunten Lichterbogen am Himmel wahrnehmen. Bei besonders günstigen Wetterverhältnissen gibt es manchmal sogar einen doppelten Bogen, wobei die Farbfolge des schwächeren Nebenbogens durch die zweifache Reflexion des Lichts in umgekehrter Anordnung erscheint. Mit der Sonne im Rücken, den Blick auf den Regen vor sich gerichtet, bietet sich dem Betrachter ein Farbspektakel in Rot, Orange, Gelb, Grün, Blau, Indigo und Violett.

Kein Wunder, dass dieses Naturschauspiel die Menschen zu allen Zeiten faszinierte und zu zahlreichen Legenden inspirierte. Australische Ureinwohner glaubten an die Erschaffung aller Lebewesen durch eine Regenbogenschlange. Im antiken Griechenland wanderte die Götterbotin Iris auf dem gleichnamigen Regenbogen zwischen göttlicher und irdischer Welt umher. Die irisch-keltische Mythologie weiß zu berichten, dass auf freien Feldern gefundene Goldmünzen von einem Regenbogen stammen, der an diesem Ort auf die Erde getroffen ist. Tatsächlich wurden Münzen mit dem Namen „Regenbogenschüsselchen" häufig durch starke Regenfälle freigespült. Es handelt sich dabei um Gold- oder Silbermünzen aus der Keltenzeit, die mit einem Hammer in Schälchenform gepresst wurden.

Im Christentum steht der Regenbogen für das Zeichen des Bundes Gottes mit den Menschen. Nach der großen Sintflut setzte Gott seinen Bogen in den Himmel und versprach Noah, dass er das Leben auf der Erde niemals wieder durch eine derartige Flut vernichten wird. Bis zum heutigen Tag ist der Regenbogen daher für Juden und Christen ein Symbol der Nähe und des Schutzes Gottes. Und er steht für die Hoffnung des Neubeginns.

Diese Botschaft verkündeten zahlreiche Regenbogenplakate und -banner während des Lockdowns in der Coronakrise. Sie hingen von Balkonen, schmückten Zäune und Fenster in Familienhäusern und Kindertagesstätten. Ein historisches Symbol, das bereits in den Bauernkriegen des 16. Jahrhunderts vom Reformator Thomas Müntzer verwendet wurde, um die Hoffnung des Aufbruchs in eine sozialere Zeit auszudrücken. In den 1960er-Jahren wehten Peace-Flaggen als Zeichen der Friedensbewegung in Regenbogenfarben. Seit den Siebzigern ist die Flagge mit ergänzter Farbreihenfolge Symbol für die Vielfalt und Gleichwertigkeit aller Menschen.

Der Regenbogen – einzigartiges Himmelsphänomen und hoffnungsfrohes Symbol! Was ist seine Botschaft für dich?

DIY: Einen Regenbogen aus Naturmaterial legen

Wenn gerade kein Regenbogen am Himmel steht, kannst du dir dein individuelles Zeichen der Hoffnung auch ganz einfach selbst zaubern. Kennst du Land Art? Das ist eine Ende der 1960er-Jahre in den USA entstandene Richtung der bildenden Kunst, bei der vergängliche Werke und Installationen in der Natur erschaffen werden. Dazu verwendet man z. B. Blüten, Steine, Äste und anderes Material, das du im Wald oder auf der Wiese findest.

Nimm dir einen Korb oder Ähnliches und sammle Naturmaterial in den Farben des Regenbogens. Je nachdem, wie weit die Vegetation im Moment fortgeschritten ist und wo du suchst, kann das zum Beispiel Folgendes sein: blühender Löwenzahn, Ehrenpreis, Vergissmeinnicht, Giersch, Waldveilchen, Bärlauch, Butterblumen, Getreidehalme …

Wenn dein Korb gefüllt ist, suchst du dir einen schönen freien Platz, z. B. auf einer Lichtung, und beginnst, deinen Regenbogen zu legen. Das kann sehr meditativ sein. Falls du dabei etwas in die Symbolik von Farben eintauchen möchtest, habe ich hier ein paar Gedankenanstöße für dich.

Die Farben des Regenbogens

Rot ist eine der drei Grundfarben und wird als Signalfarbe wahrgenommen. Sie steht für Liebe und Leidenschaft, Kraft und Stärke. In vielen Kulturen ist Rot die Farbe der Braut.

Orange symbolisiert Licht und Wärme. Die Farbe strahlt Lebensfreude aus, wirkt stimmungsaufhellend und fröhlich. Orange regt unsere Kreativität an.

Gelb leuchtet kräftig wie die Sonne und steht für Heiterkeit und Optimismus. Es ist die Farbe des Sommers.
Grün wirkt beruhigend. Wir assoziieren Natur, Leben, Hoffnung und Fruchtbarkeit mit dieser Farbe. Sie stärkt das Immunsystem und soll sogar blutdruckregulierend wirken.
Blau vermittelt Ruhe, Besonnenheit und Klarheit, symbolisiert das Unbewusste und die Tiefe unserer Seele. Es ist die Farbe der Spiritualität wie auch der Treue.
Indigo, ein Ton zwischen tiefem Blau und Violett, fördert unsere Intuition und Wahrnehmung. Bei der Meditation hilft er, dass wir uns konzentrieren und sammeln können.
Violett steht für Einsicht, Tiefgründigkeit und psychische Kraft. Die Farbe Purpur war früher sehr wertvoll und deshalb nur Königen und geistlichen Würdeträgern vorbehalten. Violett ist eine spirituelle Farbe und steht im Christentum für Besinnung, Buße und Umkehr.

Wenn du deinen Regenbogen gelegt hast, tritt einen Schritt zurück und betrachte ihn. Welche Farbe spricht dich am meisten an? Was assoziierst du mit ihr? Genieße dein Bild der Hoffnung und Verbundenheit. Vielleicht machst du, bevor du dich verabschiedest, ein inneres Foto. Gehe dazu einmal um den Regenbogen und nimm jede Einzelheit intensiv wahr. Schließe nun kurz die Augen und verinnerliche das Bild in deinem Herzen.

Impuls: Widerstandskraft

Pusteblume, Kuhblume, in einigen Regionen wird sie auch fälschlicherweise Butterblume genannt. Peter Lustigs schönste Blume. (Na? Hast du auch gleich die passende Melodie im Kopf?) Der Löwenzahn ist ein Vorbild für mich. Für Rollrasenfans ist er zwar nix, aber für alle Blühwiesen (ist er) ein Traum. Der Milchsaft, der aus dem hohlen Stängel austritt und die Hände beim Blumenkranzflechten verfärbt, dürfte jedem von uns bekannt sein. Das goldene Köpfchen besteht aus vielen goldgelben kleinen Zungen, die eng beieinandersitzen. Ist die Blume verblüht, flieht sie mit dem Wind in Tausenden kleinen Schirmchen in alle Himmelsrichtungen. Die grünen Blätter des Löwenzahns liegen wie eine Rosette um den Stängel und geben der Pflanze den zackigen Namen. Sie sehen aus wie kleine Sägen. Ich finde die Pflanze einfach wunderschön!

Der Löwenzahn gehört zudem zu den schmackhaftesten Wildpflanzen. Alle Teile der Pflanze sind essbar und genießbar. Süß, bitter, herzhaft, knackig. Alle Bestandteile der Pflanze sind delikat in Wildkräutersalaten, Rohkostgerichten, Süßspeisen, Gelees, Likör, Kräuterquark, Ersatzkaffee (aus den Wurzeln), Chutneys, in eingelegten Kapern, als Dekoration, in Blumenkränzen. Mit den Stängeln und dem enthaltenen Milchsaft sollte man allerdings ein wenig sparsamer umgehen, da manche Menschen darauf mit Bauchweh reagieren.

Als Heilpflanze ist der Löwenzahn Meister der Entgiftung. Besonders stark treibt er Harn und ist damit die perfekte Nierenspülung und Leberpackung – den Bitterstoffen sei Dank.

Für mich ist der Löwenzahn auch eine Pflanze des Widerstandes: Er wächst an den unmöglichen Orten, fest verankert in der Erde: aus Mauerwerk heraus, mitten auf Straßen, Brachen ebenso wie auf fetten Wiesen. Eine Pflanze, die ihre Kinder / Ergebnisse / Produkte auf die Reise ins Unbekannte schickt, weit weg, mit der Hoffnung, neue Wurzeln zu schlagen an unmöglichen Orten. Nichts kann sie aufhalten, sie sucht sich ihren Ort. Es ist eine Pflanze, die ruft: *Trotz alledem! Ich lebe!* Der Löwenzahn lädt dich ein, in das „Trotz alledem" einmal einzusteigen.

Ich schlage dir vor, für diesen Impuls hinaus in die Natur zu gehen. In den nächsten Park, in einen Wald, auf eine Wiese, in deinen Garten. Geh zum Löwenzahn.

Wie viele Minuten brauchst du, bis der erste dir begegnet? (So nicht alles gemäht ist, sollte das nicht lange dauern.) Schau sie dir an, die Pflanze des Widerstandes. Vielleicht musst du dich ganz nah auf den Boden herunterbücken. Wie ist ihre Form, ihre Gestalt? Wie fühlt sie sich an? Wie riecht sie? Die Blüten, die Blätter?

Schau noch ein bisschen tiefer. Grabe eine Löwenzahnwurzel aus – mit den Händen. Was passiert? Schau dir diese Wurzel genau an. Mach eine Bestandsaufnahme der Wurzel. Vielleicht malst du sie einmal nach.

Und dann: Fühle sie. Was sagt diese Wurzel über dich aus? Nimm die Wurzel als ein Bild für dich. Heute. In diesem Moment. Lass sie zu dir sprechen. Über deinen Weg, darüber, wo du nun wurzelst. Wie bist du bis zu diesem heutigen Tag gekommen? Wie war dein Weg? Wo hast du dich in die Erde gegraben und deine Wurzeln eingegraben? Mach eine Bestandsaufnahme von dir. Male auch das auf.

Naturerfahrung mit dem Löwenzahn

Der Löwenzahn bietet so einiges für die Küche. Ich mag am meisten den Löwenzahnhonig, der streng genommen kein Honig ist, weil nicht von Bienen gesammelt, sondern ein Blütensirup. Da er auf dem Brot goldgelb wie Honig ist, nennt ihn jedoch alle Welt so.

Bevor du sammelst oder etwas probierst, bitte überzeuge dich, dass es sich um die richtige Pflanze handelt, da es giftige Verwechslungsmöglichkeiten geben kann. Frag jemanden, der sich auskennt. Oder du kannst eine Pflanzenbestimmungs-App nutzen, denn Löwenzahn wird auch mit Hahnenfuß verwechselt – weil dieser in manchen Regionen auch Butterblume genannt wird wie der Löwenzahn. Also, genau hingeschaut. Beim Löwenzahn muss der Stängel hohl sein und milchiger weißer Saft austreten.

So geht's:

1. Du brauchst für den Anfang 200 g junge, in der Sonne voll aufgegangene Löwenzahnblüten (die gelben Fusseln am besten rauslösen. Wenn du dafür keine Geduld hast, so wie ich, kann man auch den ganzen Kopf nehmen).
2. Mit einem Liter kaltem Wasser übergießen und mindestens 2 Stunden stehen lassen. Ich lasse den Aufguss über Nacht stehen.
3. Dann alles aufkochen und abkühlen lassen.
4. Abschließend die Blüten durch ein feines Sieb oder Mulltuch abseien und die Blüten ausdrücken und dabei den Saft auffangen.

5. Mit diesem Saft stellen wir jetzt den Honig her, indem wir ihn mit 1 kg Rohrzucker und Saft von einer Zitrone aufkochen und dann köcheln lassen, bis die karamellartige Konsistenz von Honig erreicht ist. Das kann eine Weile dauern. Du solltest dabeibleiben und rühren und die Hitze nicht zu groß einstellen.
6. Ist die Konsistenz erreicht, kannst du alles in kleine ausgekochte sterile Gläser abfüllen. *Lecker!*

Impuls: Heimat finden

Wann immer ich in meinem Leben umgezogen bin, habe ich mich mit meiner Umgebung vertraut gemacht. Wo waren die nächsten Einkaufsmöglichkeiten, die Bibliothek? Später hielt ich nach Kindergärten und Schulen Ausschau.

In den letzten Jahren ist mir der Wald zunehmend wichtig geworden. Es ist der Ort, an dem ich Ruhe und Abstand finde, aufatmen kann. Von unserem Zuhause aus bin ich in wenigen Schritten dort. Sobald sich das Blätterdach über mir schließt, tauche ich in eine andere Welt ein, die ich nicht mehr missen möchte. Eine ganze Weile habe ich mit Ängsten gekämpft, immer angespannt in der Erwartung, mich gegen Mensch oder Tier zur Wehr setzen zu müssen. Dann ist Ruhe in meinem Inneren eingekehrt, und seither mache ich mich mit unserem Wald vertraut.

Inzwischen kenne ich die Wege. Die breiten, geschotterten und die schmalen, bei Regen unpassierbaren. Kleine Rinnsale, die im Sommer komplett ausgetrocknet sind und nach der Schneeschmelze zu beeindruckend rauschenden Wassermassen mutieren. Nach

Stürmen liegt irgendwo ein Baum quer, und ich muss vom Weg abweichen. In den Sommermonaten habe ich dabei schon so manches Blaubeerfeld entdeckt.

Im Wald lebe ich mit den Jahreszeiten. Ich sehe, spüre, atme sie und fühle mich auf besondere Art mit der Erde verbunden. Es ist ein Heimatgefühl. Auch wenn ich jahrelang an anderen Orten gelebt habe: Hier bin ich verwurzelt.

„Der Steinhaufen, wo die Walderdbeeren wuchsen, die Leberblümchenstellen, die Schlüsselblumenwiesen, die Blaubeerplätze, der Wald mit den rosa Erdglöckchen im Moos, das Gehölz rings um Näs, wo wir jeden Pfad und jeden Stein kannten, der Fluss mit den Seerosen, die Gräben, die Bäche und Bäume, an all das erinnere ich mich besser als an die Menschen. Steine und Bäume, sie standen uns nahe, fast wie lebende Wesen, und die Natur war es auch, die unsere Spiele und Träume hegte und nährte." So beschreibt Astrid Lindgren ihre Kindheitserinnerungen in *Das entschwundene Land*. Ich fühle mich von ihren Worten berührt und verstanden, auch wenn ich den Kinderschuhen längst entwachsen bin.

Der Wald ist ein Zwischenort für mich. Irgendwo zwischen Alltag und Sehnsucht.

Ich mag die Deutung des christlichen Kreuzsymbols, wonach der horizontale Balken für das Zwischenmenschliche steht und der vertikale für die Verbindung zwischen Himmel und Erde. Wir sind in der Erde verwurzelt, irdisch beheimatet, tragen aber immer eine unbestimmte Sehnsucht nach dem Himmel in uns. In der Bibel heißt es: *„Denn diese Welt ist nicht unsere Heimat; wir erwarten unsere zukünftige Stadt erst im Himmel"* (Hebräer 13,14) und: „Er [Gott] hat sogar die Ewigkeit in die Herzen der Menschen gelegt" (Prediger 3,11). Erde und Himmel, Wurzeln und Flügel – wir leben dazwischen.

Manchmal beobachte ich in unserem Garten, wie Vögel ihr Nest bauen. Wenn sie ihren Platz – geschützt und geborgen – gefunden haben, beginnen sie, Material herbeizuschaffen und formen und polstern die künftige Kinderstube. Wir haben das in unseren Wortschatz übernommen und sprechen vom Nestbautrieb, wenn wir eine Familie gründen und liebevoll alles für unseren Nachwuchs herrichten. Im Vogelnest hört man irgendwann die kleinen, frisch geschlüpften Jungen und sieht die Eltern, den Schnabel voller Futter, hin- und herfliegen. Und dann kommt die Zeit, wo die Vogelkinder flügge werden, das heimatliche Nest verlassen und am Himmel ihre Kreise ziehen. Wurzeln und Flügel, Erde und Himmel – wo fühlst du dich zu Hause?

Naturerfahrung: Singen wie ein Vogel

Sie sind klein. Zart. Bezaubernd. Süß. Witzig. Neugierig. Unerschrocken. Und je nach Gegend haben sie ihre ganz eigenen Wohngewohnheiten und Habitate. Manche gibt es nur an wenigen Orten. Darum ist die Vogelwelt an jedem Beobachtungsort anders und neu zu entdecken.

Sie sind laut. Gerade in dieser Jahreszeit. Sie singen ihre schönsten Lieder, individuell, abgestimmt auf die Tageszeit, auf die eigene Stimmung, auf das Publikum. Willkommen, sich den Singvögeln zu nähern und mit ihnen ein neues Lied anzustimmen.

Ich lade dich ein, den Singvögeln bei ihren grandiosen Konzerten zuzuhören. Du kannst dafür das Fenster öffnen, in den Park gehen oder in den Wald. Immer da, wo es viel Gebüsch, Hecken oder belaubte Bäume gibt, wirst du viele Vögel antreffen. Die Einladung ist, dich einmal ganz nur dem Lauschen zu widmen, sozusagen darin einzutauchen. Der Gesang der Singvögel ist zu keiner Jahreszeit so intensiv und vielfältig wie jetzt. Später im Jahr, wenn sich die Brutpaare gefunden haben, die Nester gebaut sind, werden die Singvögel sparsamer mit ihren Liedern.

Tue dir also die schönsten Lieder aufs Ohr, die es in freier Wildbahn gibt. Wenn du hinausgehst, dann geh so früh wie möglich am Tag und nimm dir etwas Zeit. Vielleicht mit einem Kaffee oder Tee in der Hand? Setz dich in der Nähe von Büschen und Bäumen hin. Hör mal, was du vernimmst. Du kannst die Augen schließen und einfach genießen und ganz ruhig einfach nur da sein.

Lass dich bezaubern vom Lied des Rotkehlchens, dem Schimpfen der Spatzen, dem Singen der Meisen, der Imitationskunst der Stare. Wenn du dich auf nur eine Vogelstimme konzentrierst, wirst du feststellen, wie vielfältig die Kommunikation der Vögel ist. Sie rufen, locken, schimpfen, warnen, singen, bezirzen – und manchmal machen sie sich einfach nur vernehmbar, weil es Spaß macht, ein Lied zu trällern – bei jedem Wetter.

Lass die Stimmen der kleinen Vögel in dir wirken. Sie singen in dem Moment nur für dich. Wovon singen sie? Was singen die Vögel dir zu? Was regt das in dir an? Welche Resonanz erzeugt das bei dir?

Wenn du ein Singvogel wärest, wie klänge dein Lied heute? Wovon singt dein Herz? Was zwitschert in dir? Wie klingt deine ganz individuelle Lebensmelodie?

Wenn du magst: Sing dein individuelles Lied. Was dir grad über die Lippen kommt, durch den Kehlkopf rauscht, welche Töne oder Worte aus dir rauspurzeln wollen. Nur die Vögel sind heute deine Zeugen, nichts muss perfekt sein – wir machen ja keinen Gesangswettbewerb, sondern lauschen, was die Herzen singen. Sei willkommen in der Natur und sing dein Lied, das, was das Herz trällert, zwitschert, wispert, summt. Deine Melodie wird sich formen, so wie das Lied der Vögel sich immer wieder formt.

Impuls: Erdverbindung

Die Erde. Unter unseren Füßen. Jeden Tag. Immer.

Spüre, wie es sich läuft auf Asphalt, auf Schotter, auf Sand, auf Waldboden, auf Morast, dichtem Laub, auf Rasen oder in Pfützen.

Schon mal mit den Zehen Gänseblümchen gepflückt?

Im Moos mit dem nackten Fuß gewühlt oder einen Maulwurfshaufen umgeschubst?

Oder mit den Zehen den Matsch einer Pfütze richtig durchquellen lassen?

Schon mal Gras gerupft oder auf einen Baumstamm barfuß geklettert?

Schon mal eine Brennnessel an den Sohlen gespürt oder Tannennadeln?

Schon mal über einen Kiesweg getapst und Muster im Sand hinterlassen? Nein? Dann wird es aber höchste Zeit, das zu tun.

Ich lade dich ein, deine Schuhe auszuziehen. Wie fühlt es sich an, wenn die Füße dabei warm oder kalt werden, nass, dreckig, verschmiert, prickelig, körnig, Peeling erfahren, wenn es prickelt. Nimm die Erde unter deine Füße, lass sie an deine Haut.

Lass sie nah an dich heran. Spüre ihren Puls durch den Boden. Fühle die Erde. So barfuß im Herzen, wie es dir möglich ist. So fühlend es geht.

Die Erde ist wie eine Mutter, aus ihr kommt Leben. In vielen Schöpfungsmythen dieser Welt bringt die Erde alles hervor. In der Schöpfungsgeschichte der Bibel wird der Mensch aus Erde gemacht, aus „Erde vom Ackerboden“ geformt. Wir tragen also beides in uns: die Verbindung zum Himmel durch das Geformtsein durch die Schöpferkraft und die Verbundenheit mit der Erde, dem Element, aus dem wir geschaffen sind. „Adam“ – der erste Mensch – ist von „adama“ – der Erde genommen. Er ist ein „Erdling“. Es ist Zeit, mit der Erde auf Tuchfühlung zu gehen und sie zu spüren. Und vielleicht doch die Socken auszuziehen und die Erde an deine Haut zu lassen.

Spüre, einatmend, wie sich deine Erfahrung des Fühlens von den Zehen über die Fersen zu den Knien, zu deinem Schoß, über den Bauch, die Brust bis in den Kopf hinauf ausbreitet. Lass die Kraft der Erde von den Füßen aufwärts zu dir fließen.

Ausatmend spüre, wie du etwas abfließen lassen kannst. Deine Wut, deine Frustration, deine Trauer, deinen Ärger, deine Unsicherheit, deine Zwänge, dein Gefühl, nicht dazuzugehören, deine Angst, falsch zu sein, deinen Kummer, deine Mutlosigkeit. Atme aus und spüre, wie das Belastende von deinem Herzen durch Bauch, Schoß und Beine zu den Füßen in die Erde abfließen kann.

Atme wieder ein.

Atme wieder aus.

Naturerfahrung mit Wasser

Zugegeben, der Erde nah zu kommen, ist gar nicht so einfach. Selten läuft man nackt über grüne Wiesen oder legt sich auf den Erdboden. Viel einfacher ist es, einem anderen Element näher zu sein: dem Wasser. Frühlingszeit ist Anbadezeit (auch wenn es einige unter uns gibt, die Ganzjahresbaden machen oder Eisbaden im Januar). Ich lade dich ein, in der Natur schwimmen zu gehen. Vielleicht ist ein See bei dir in der Nähe oder ein Bach, ein kleiner Fluss, eine Badestelle oder ein Naturbad?

Das kühle Wasser belebt, erfrischt, weckt den Frühling in dir. Und du kannst im Wasser meditieren, wie es sich anfühlt, wenn dieses Element dich ganz umschließt. Der Kaltreiz hilft, die wirbelnden Gedanken und Pläne einmal auf Eis zu legen, ganz im Moment zu sein, ganz bei dir. Falls du mit dem Eisbaden oder Kaltbaden keine Erfahrung hast, geh langsam ins Wasser oder wähle dir eine sanftere Methode (wie zum Beispiel kneippen oder kalt abduschen) oder finde jemanden, der dich unterstützt, sodass sich dein Körper nicht zu sehr erschrickt. Wenn dir das noch zu frisch ist, kannst du auch in eine Therme gehen und dich von Solewasser bekuscheln lassen oder ein Vollbad nehmen.

SOMMER

Mögen aus jedem Samen, den du säst,

wunderschöne Blumen werden,

auf dass sich die Farben der Blüten
in deinen Augen spiegeln

und sie dir ein Lächeln
auf dein Gesicht zaubern.

IRISCHER SEGENSWUNSCH

MAI

Impuls: Die Grünkraft entdecken

Grünkraft.

In allem steckt sie. Alles, was grün ist, ist ein Wunder.

Wenn du nach draußen gehst und die grüne Natur beobachtest, wirst du es entdecken: Grün hat viele Töne. Knospen, Blätter, Moos, Steine, grüner Himmel, grüne Wände, grüner Müll, grünes Gras, grüne Tiere. Grün. Grün. Grün. Grün ist eine Farbe, die entspannt, die die Nerven beruhigt, den Blutdruck reguliert, dich atmen lässt. Grün hat allein als optischer Eindruck eine Heilwirkung auf den menschlichen Körper. Grün heilt. Grünkraft ist also Heilkraft.

Hildegard von Bingen fasst diesen Sachverhalt in dieses eine Wort: Viriditas. Diese Wortschöpfung stammt von ihr. Viriditas ist Grünkraft. Grünkraft ist Lebenskraft. Lebenskraft ist Gotteskraft. Gotteskraft ist Schöpfungskraft und Heilkraft.

Grünkraft ist für mich Geistkraft. Etwas, was in allem atmet. Der Geist, der in allem lebt und uns daher verbindet. Die Grünkraft, die allem Leben die innere Strahlkraft gibt. Gott ist in allem. Gott, wie auch immer du Gott nennst, ahnst oder vermisst. Energie, Geistkraft, Göttin. Gott erschafft die Schöpfung.

Gott ist Schöpfung.

Gott steckt in der Schöpfung.

Gott wirkt in der Schöpfung.

Gott ist Urheber der Grünkraft.

Gott ist in allem.

Alles ist in Gott enthalten, und in allem lässt sich Gott finden.

Grünkraft ist auch ein Auftrag, die Geistkraft wirken zu lassen, wo sie will. Es ist ein bisschen wie mit einem Garten. Man bearbeitet den Boden, man sät, man gießt, man jätet, und man hofft zu ernten. Beim Gärtnern merkt man schnell: Nicht jeder Boden eignet sich für jede Idee. Nicht alles kann ich beeinflussen. Nicht alles kann ich machen. Ich kann nicht das Wetter beeinflussen. Ob aus der Saat auch eine Ernte wird, weiß ich am Ende der Saison. Ich kann nicht versprechen – und das wird jeder, der schon mal eine Gartenschaufel in der Hand hatte, bestätigen –, dass auf einem Feld oder Beet tatsächlich der Ertrag heranwächst, den ich mir vorgestellt habe. Ich bin abhängig von Sonne, Wind, Regen, Boden, Schnecken oder Kräutern, die gerade da nicht wachsen sollten, wo mein Salat steht. Ich habe alles gegeben. Und jetzt übernehme ich den wichtigsten Teil der gärtnerischen Verantwortung: warten und vertrauen.

„Pflanzen ziehen" ist eigentlich „Pflanzen zusehen", denn wer will schon an den Pflanzen ziehen? Gärtnerische Verantwortung ist eine Verantwortung, fünfe grade sein zu lassen, sich in den Lehnstuhl zu setzen und dem, was man begonnen hat, ein bisschen zuzusehen. Zu warten. Geduldig zu sein. Einen Liegestuhl aufzustellen, ein kühles Getränk zu öffnen, ein Buch zu lesen, spazieren zu gehen, wiederzukommen und zu staunen. Es liegt ebenso in unserer Verantwortung, nicht an der Pflanze zu reißen, sondern geduldig zu warten, bis sie sich entschließt, von selbst zu wachsen. Bis das Wunder beginnt. Und zuzusehen, wie die Pflanze sich selbst ihren Raum nimmt.

Ich kann das Leben nicht wecken. Es wird geschenkt. Ich weiß nicht wie. Diese gärtnerische Demut lade ich auch in mein Leben ein: Ich weiß manchmal nicht, wie etwas gelingen kann oder was dazu nötig ist, und ich vertraue mich dem an, das größer ist als ich.

Was ist es denn, was mir die Kraft zum Wachsen und Werden gibt? Was mich als Person sieht und heilt? Was mir innere Stärke und Ruhe gibt? Was mich formt? Wenn ich all das aus mir selbst heraus nicht hervorbringen kann, wer dann?

Sicher ist: Es ist eine Kraft. Ich kann sie nicht sehen. Ich nenne sie Grünkraft, und sie hat mit Demut und Geduld zu tun. Also warte ich und stelle den Liegestuhl auf, denn das Wesentliche geschieht von allein.

Gott lässt wachsen. Kauf dir selbst ein paar Sämereien, und du wirst bald wissen, was ich meine.

Frei nach der Bibel aus dem Markusevangelium (4,26-27): Mit dem Reich Gottes ist es so, wie wenn ein Mensch Samen aufs Land wirft und schläft und steht auf, Nacht und Tag; und der Same geht auf und wächst – er weiß nicht wie.

DIY: Ein Maibäumchen für den Jahreszeitentisch

Zum 1. Mai wird in ländlichen Regionen in vielen Orten ein Maibaum aufgerichtet. Der hohe, mit bunten Bändern und Girlanden geschmückte Baum steht zentral in der Dorfmitte. Sein Stamm ist manchmal naturbelassen oder mit Schnitzereien versehen. Auch regional unterschiedliche Bemalungen sind typisch, so etwa in Oberbayern blau-weiße Rauten oder rot-weiße Streifen in Franken. Die grüne Baumspitze wird mit einem bunten Kranz geschmückt. Ähnliche Bäume gibt es in Skandinavien, wo sie zu Mittsommer aufgestellt werden.

Bevor der Maibaum seinen Platz findet, wird er in einer feierlichen Prozession, begleitet von Musik, durch das Dorf getragen und dann aufgerichtet. Traditionell bleibt er bis zum Monatsende stehen, mancherorts auch ein ganzes Jahr. Dann wird der abgeschmückte Baum eingelagert oder als Brennholz versteigert.

Die Feierlichkeiten rund um den Maibaum begrüßen die warme Jahreszeit. Der Baum steht als Zeichen des Lebens symbolisch für Fruchtbarkeit und Wachstum. In manchen Regionen hat sich ein weiterer Brauch erhalten. In der Nacht zum 1. Mai werden mit bunten Bändern geschmückte Birkenzweigsträuße oder kleine Maibäumchen vor den Häusern unverheirateter Frauen angebracht. Ebenso kann ein junger Mann damit seine Liebe erklären. Die Farben der Bänder haben dabei unterschiedliche Bedeutungen: Grün steht für die Hoffnung, dass die Liebe des Mannes von seiner Angebeteten erhört wird. Weiß drückt den Wunsch nach einer langjährigen Beziehung aus, und Rot ist bekanntlich die Farbe der Liebe.

Schmücke deinen Jahreszeitentisch zum 1. Mai mit frischem Grün und fröhlichem Bunt, indem du Birkenzweige in eine Vase stellst, an die farbige Bänder geknotet werden. Vielleicht verknüpfst du mit jedem Band einen persönlichen Wunsch. Du kannst aber auch ein richtiges kleines Maibäumchen gestalten.

Dafür benötigst du:

- einen geraden Ast
- einen kleinen Blumentopf
- Steckmasse und Moos (alternativ Knetgummi und Moos)
- biegsame Zweige für den Kranz
- Blumen und bunte Bänder

Jetzt geht's ans Werk:

1. Wenn du den Ast (Stamm des Maibaums) verzieren möchtest, machst du das zuerst. Du kannst kleine Muster in die Rinde ritzen, sie ganz abschälen oder den Ast bunt bemalen.
2. Jetzt gibst du ausreichend Steckmasse in das Blumentöpfchen, befestigst den Ast darin und bedeckst den Boden mit etwas Moos. Alternativ forme eine Halbkugel aus Knetgummi, stecke den Ast hinein und bedecke den Knetgummi mit Moos.
3. Aus biegsamen Ästen formst du einen Kranz. Wenn nötig, verbinde die Enden mit etwas dünnem Draht. Dann wird der Kranz mit Blumen verziert. Du kannst auch farbige Bänder darumwickeln. Wenn es dir gefällt, binde noch buntes Krepppapier an den Kranz, das später herunterhängt.
4. Schneide jetzt vier gleich lange Bänder zu. Sie werden um die gegenüberliegenden Seiten des Kranzes gelegt und in der Mitte oben zusammengebunden. Das verknotete Ende legst du auf deinen Ast und balancierst dann den Kranz aus.

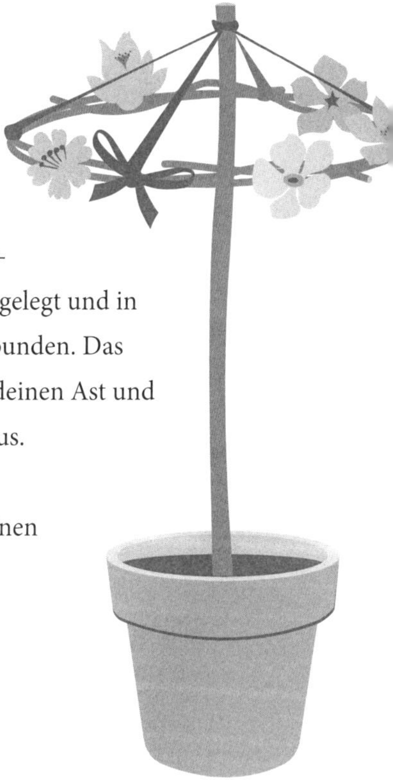

Fertig ist das Maibäumchen für deinen Jahreszeitentisch.

Impuls: Das Leben und die Liebe feiern mit der Linde

Bei den Kelten stand ein Baum mit besonders schönem grünen Frühlingskleid hoch im Kurs. Insbesondere als Zeichen für Gerechtigkeit und Harmonie. Bei den Germanen galt er als Friedensbaum und Liebesbaum. Oft wurde er seither auf Kultplätzen oder in Dorfmitten als Friedenszeichen gepflanzt, und ist darum mancherorts noch als stattlicher Uraltbaum zu finden: Die Linde *(Tilia spec.)*. Um sie wurde getanzt, gefeiert, Gericht gehalten, zu Rat gesessen. Wie kaum ein anderer Baum ist die prächtige, Schatten spendende Linde mit den Menschen verwachsen. Ihr Name leitet sich aus dem nordgermanischen Begriff „linda" (binden) ab. Denn früher verwendete man Lindenbast für vielerlei Bindearbeiten. Linden erreichen von den heimischen Laubbäumen mit das höchste Baumalter. Sie werden bis zu 1 000 Jahre alt und können zu einem Stammdurchmesser von bis zu fünf Metern heranwachsen. Typisch sind die nahezu ausgehöhlten Stämme im Alter. In jungen Jahren erkennt man in der Silhouette des Baumes die Form des Lindenblattes – eines umgedrehten Herzes. Darum wird sie auch Baum der Liebenden genannt. Liebesbaum – na klar: Die Blätter sind viele kleine Herzen. „Unter Linden wird man sich finden zur Abendzeit" singt das Volkslied. Und: Wer im Schatten einer Linde feiert oder sich trifft oder zu Rate sitzt, kann keine kriegerischen Absichten haben. In vielen Märchen und Sagen hat die Linde die Hauptrolle. Kennst du eines?

Für mich ist die Linde in der Naturmedizin nicht nur ein Heilmittel gegen den Husten (Blütentee) und Erkältung, sondern auch ein Herzheiler im wörtlichen und kulinarischen Sinn. Kein Baum ist so sanft und so weich (und darum auch zum Schnitzen geeignet). Junge, zarte Lindenblätter kannst du pflücken und deiner liebsten Salatmischung zerkleinert beifügen. Als Dressing mag ich hier statt Essig und Öl Honig (Lindenblütenhonig) und Zitrone vermischt. Wenn du Smoothies magst, kannst du die Blätter und Blüten auch deinem grünen Trunk beimischen. Ich mag Lindenblätter auch einfach als Brotbelag auf einer Butterstulle. Warm schmecken sie – wie Spinat zubereitet – auch zu Kartoffeln. So schmeck den frühen Sommer!

Am Brunnen vor dem Thore
Da steht ein Lindenbaum:
Ich träumt' in seinem Schatten
So manchen süßen Traum.

Wilhelm Müller, 1823

Naturerfahrung und Meditation unter der Linde

Die Linde ist also für mich auch ein Symbol, wieder weich und zugänglich zu werden, und ich lade dich ein, einmal unter einer Linde Platz zu nehmen und zugänglich zu werden. Gerade Anfang Mai, wenn die ersten rauschenden Feste unter den Bäumen gefeiert werden – allen voran Hochzeiten. Nicht umsonst wird der Mai als Hochzeitsmonat bevorzugt. Schon unsere Vorfahren feierten Hochzeiten im Wonnemonat Mai – nicht nur symbolisch für die Fruchtbarkeit und das neue Leben, sondern auch ganz praktisch inmitten des frischen Grüns des Jahres. Eine gute Zeit also, sich an die eigene Liebe erinnern zu lassen. Eine Linde ist ein schöner Ort, um Versprechen zu erneuern, sich die Liebe zu gestehen, zu sagen, dass man einander verbunden ist, zu danken für eine Liebe, die vergangen ist. Es ist ein schöner Ort, um die Gemeinschaft zu feiern oder sich daran zu erinnern.

Besuche eine Linde. Spüre die sanfte Liebe, die dieser Baum ausstrahlt. Sie ist freundlich und warm. Fühle das Holz, die samtigen Blätter. Rieche den Duft, zart, lockend, weich. Alles an dem Baum ist weich und warm. Kuschele dich an die Linde. Sie ist für den Moment deine Mutter. Schutz und Stärkung im Rücken. Bleib eine Weile. Erzähl diesem Baum, was dich bewegt. Wenn du einige Zeit allein bei der Linde verbracht hast und ihre sanfte Liebe gespürt hast, kannst du heimgehen.

Dann komm kurz darauf noch einmal zu dieser Linde. Nimm diesmal jemanden mit. Gemeinsam mit einem Menschen deines Herzens, deinem Partner oder jemandem aus der Familie. Du kannst auch ein Symbol für jemanden mitnehmen, der gerade selbst nicht mehr anwesend sein kann. Oder sogar mit einer Gruppe zur Linde gehen, die dir wichtig ist. Ehe ihr gemeinsam zur Linde geht, erzähle dir selbst und der Person, warum du das tust, dass es ein besonderer Moment ist. Geht den Weg zum Baum im Schweigen. Spürt. Fühlt. Riecht. Erfasst ihn mit allen Sinnen – gemeinsam. Setzt euch in den Schutz der Linde. Reicht einen Stein oder Stab herum. Jeder und jede, die den Stein in den Händen hält, kann sagen, was er oder sie in dem Moment fühlt. Und in der zweiten Runde könnt ihr euch Geschichten erzählen, Träume, Wünsche, was ihr schon immer mal sagen wolltet. Und die anderen hören. Vielleicht übt ihr so gemeinsam eine neue Weise des Kontaktes in eurer Gemeinschaft ein.

Impuls: Einen Schatz suchen

Hast du schon einmal etwas von Baumperlen gehört? Als ich das erste Mal ein Bild davon sah, war ich völlig fasziniert. Ähnlich wie bei einer Muschel schließt der Baum Fremdkörper, die bei Verletzungen in seine Rinde dringen, ein und verkapselt sie. Während die Muschel den Eindringling mit Perlmutt umhüllt, entsteht am Baum eine äußerlich unscheinbare Knolle, die nach Abschluss des Heilungsprozesses von selbst abfällt oder sich ganz leicht von der Rinde lösen lässt. Schält man die äußere Schicht des Knubbels vorsichtig mit den Fingernägeln ab, kommt darunter meist eine wunderschöne Maserung zum Vorschein. Ein echtes Schmuckstück, das sich als Kettenanhänger tragen oder als Handschmeichler verwenden lässt. Du kannst deiner Baumperle aber auch einen besonderen Platz auf dem Jahreszeitentisch geben und dich an ihrem Anblick erfreuen, wann immer du daran vorbeigehst.

Baumperlen haben etwas Magisches an sich. Man sagt, dass sie die Heilkraft des Baumes in sich tragen. Vielleicht lassen sich so ihre vielfältigen Namen erklären. Baumperlen sind auch bekannt als Baumlinge, Drachen-, Druiden- oder Schlangeneier. Die Druiden sollen sie für ihre Heilungszeremonien verwendet haben.

Die Baumperle ist eine wunderbare Metapher. Aus einer Wunde ist etwas ganz Besonderes, etwas Wertvolles entstanden. Der Baum hat seine Verletzung geheilt, sie integriert und eingekapselt und zum richtigen Zeitpunkt wieder losgelassen.

Die Baumperle kann dir zum Bild dafür werden, deinen eigenen Schmerz anzunehmen, dich mit ihm zu beschäftigen und dich dann auch wieder sanft von ihm zu lösen. Nur was du angenommen hast, kannst du auch wirklich wieder loslassen.

Vielleicht möchtest du deine Baumperle als kraftvollen Begleiter und heilsame Erinnerung mit dir tragen, solange du durch diesen Prozess gehst, und sie dann wieder an die Natur zurückgeben.

Vielleicht geht es dir aber auch so wie mir, und du suchst viele Wochen lang vergeblich nach einer Baumperle. Anfangs frustrierte mich das, bis mir bewusst wurde, dass ich durch meinen fokussierten Blick andere Dinge entdeckte. In meinem Fall war es so, dass mir plötzlich von vielen Baumrinden Augen entgegenblickten. Ja, wirklich, die unterschiedlichsten Augenformen schienen in die Stämme eingeritzt zu sein. Ich glaube ja, dass die Dinge, die wir brauchen, im richtigen Moment zu uns kommen, und so hatte ich auf der Suche nach einer Baumperle wohl meinen ganz persönlichen Augenöffner.

Welche Schätze halten die Bäume deiner Umgebung für dich bereit und was haben sie dir zu sagen?

Naturerfahrung mit Baumperlen

Baumperlen sind kleine Wunder, denn der Baum hat die Selbstheilung geschafft. Wissenschaftlich gesehen sind Baumperlen immer noch ein Rätsel, und daher kann man sie zu Recht als kleine Schätze sehen, die uns daran erinnern, dass auch unsere Wunden heilen können. Und diesen Schatz kann man nicht herbeizwingen, er kommt meistens von allein zu dir. Statt zu suchen, lass dich von den Perlen finden. Alles, was du dafür brauchst, ist ein bisschen Geduld, Spaziergehlust und Bäume.

Baumperlen können an allen Bäumen wachsen. Am leichtesten lassen sie sich an Buchen, Kirschen, Ahorn und Erlen identifizieren, weil hier die Rinden verhältnismäßig glatt sind. Sie können stattliche Ausmaße haben, meistens sind sie jedoch zart und klein. Hast du eine entdeckt, atme erst einmal durch und überlege dann, ob du sie wirklich pflücken, den Schatz heben willst. Lässt sie sich nicht von selbst mit der Hand lösen, ist sie noch nicht reif. Sie muss einem fast in die Hand plumpsen, sich buchstäblich pflücken lassen. Manchmal kann man einen Stock zu Hilfe nehmen, um die Perle abzuhebeln. Wende keine Gewalt an, wenn das nötig wäre, dann ist es einfach noch nicht so weit.

Für solch einen Schatz kannst du dich auch gern beim Baum bedanken. Ich löse zuerst einmal die Rinde von der Perle. Meistens mit den Fingernägeln, denn so macht man die Maserung nicht kaputt, die sich darunter zeigt. Ist die Baumperle etwas älter, dann kocht man die Perle im Wasser für 20 Minuten, sodass sich die Rinde ablösen lässt.

Aus Baumperlen kannst du einzigartige Schmuckstücke herstellen, zum Beispiel Baumperlenketten und -armbänder oder Handschmeichler. Oder sogar einen Ring. Dafür muss deine Baumperle die Größe einer Kinderfaust haben.

1. Schneide die Perle mit der Holzsäge in 2–4 cm dicke Scheiben (Wuchsrichtung beachten und mit der Maserung schneiden).
2. In die Mitte bohre ein Loch.
3. Nun kannst du mit dem Schnitzmesser von außen und innen einen Ring herausarbeiten – bis er dir passt.
4. Hast du die Form fast passend herausgeschnitzt, nimm Schleifpapier und schmirgele den Ring glatt. Dabei pass den Ring immer wieder einmal an, damit du nicht zu viel Material abschmirgelst und der Ring am Ende nicht mehr passt.

5. Mit einem trockenen, weichen Tuch kannst du den Staub abwischen und mit Leinöl oder Hartwachsöl den Ring einreiben. So bekommt die Maserung einen schönen Glanz, und der unverkennbare Charakter des Ringes kommt zur Geltung.

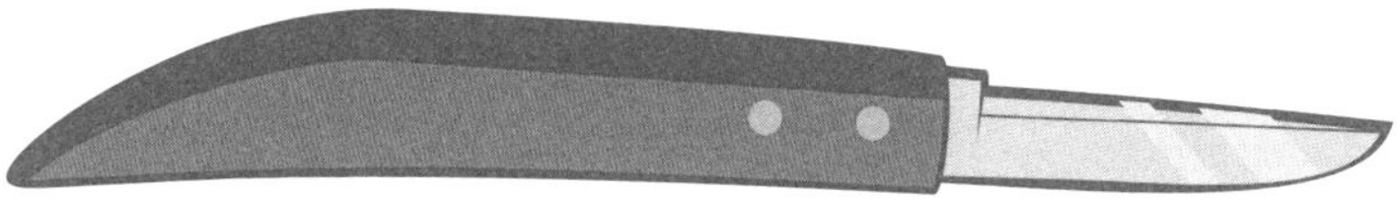

Impuls: Sich dem Kleinen zuwenden – das Gänseblümchen

Kaum ist der Frühling im Anmarsch, sprießen sie in Scharen aus der Wiese und hören damit bis zum späten Herbst nicht auf: die Gänseblümchen. Sie sind klein und doch erstaunlich robust. So dauert es nach dem Rasenmähen nicht lange, bis die Tausendschönen mit den vielen Namen wieder zu sehen sind. Vielleicht schenken wir ihnen deshalb auch weniger Beachtung als anderen Pflanzen. Dabei haben sie unsere volle Aufmerksamkeit verdient. Denn die kleinen Gänseblümchen haben es wirklich in sich. Mit wertvollen Inhaltsstoffen wie Eisen, Kalium, Kalzium, Magnesium und verschiedenen Vitaminen sind sie wirksame Heilpflanzen gegen vielerlei Beschwerden. Von der Bronchitis über entzündliche Hauterkrankungen bis hin zur Arterienverkalkung einsetzbar – um nur einige zu nennen –, wirken sie blutreinigend, krampflösend und stoffwechselanregend.

Die ganze Pflanze ist essbar und lässt sich abwechslungsreich in unseren Speiseplan einbauen. Blüten und Blätter bereichern Salat, Suppen, Gemüse- und Kräutergerichte. Auf frischem Butterbrot schmecken Gänseblümchenköpfe besonders gut. Wer es lieber süß mag, kann auch Sirup oder Gelee herstellen.

In meinen Kindheitserinnerungen haben Gänseblümchen einen festen Platz. Ich habe Ketten und Armbänder aus ihnen geknüpft und Kränze für mein Haar geflochten. Und wer hat nicht schon das Gänseblümchenorakel befragt – ein ums andere weiße Blütenblatt abzupfend: Er liebt mich, er liebt mich nicht … –, um seine Chancen beim Angebeteten herauszufinden?

Die kleine blühfreudige Pflanze mit dem weißen Strahlenkranz um ihre sonnig-gelbe Mitte kündigt das Frühjahr an. So besagt ein englisches Sprichwort: „Wenn du mit einem Fuß auf sieben Gänseblümchen stehst, ist Frühling."

Symbolisch steht die Tausendschöne für Unschuld und Bescheidenheit, aber auch für unbändige Kraft – trotz ihres kleinen Wuchses – und Beständigkeit. Bei den Kelten war das Gänseblümchen der heiligen Margarete, Patronin der Bauern, die als Hüterin des einfachen Volkes galt, geweiht. Aber auch Könige schmückten sich in der Geschichte mit der Pflanze und nahmen sie in ihr Wappen auf. Eine christliche Legende weiß zu berichten, dass die ersten Gänseblümchen aus Marias Tränen entstanden, die sie auf der Flucht vor Herodes nach Ägypten vergoss. Deshalb wird das Gänseblümchen auch als Marienblume bezeichnet und findet sich bei manchen Krippenbildern zu Füßen der Gottesmutter.

Gänseblümchen wenden ihre Blütenköpfe der Sonne zu. Nachts und bei Regen schließen sie sich schützend. Wie ist das bei dir? Kannst du dich schützen, wenn es dunkel um dich wird? Erkennst du den richtigen Moment, dich auch wieder zu öffnen und in der Sonne Licht und Wärme zu tanken?

Geh ein paar Schritte zur nächsten Gänseblümchenwiese in deiner Umgebung und pflücke dir eines der Pflänzchen. Welche Kindheitserinnerungen steigen in dir auf? Hast du dich mit selbst gemachten Kränzen und Ketten geschmückt? Möchtest du das wieder tun? Nur zu – lass das Kind in dir heraus und leg los. Wahrscheinlich wissen deine Hände noch ganz genau, was zu tun ist, oder?

DIY: Gänseblümchenschätze

Das Gänseblümchen ist eine vielseitige Pflanze. Du kannst dir auf unterschiedliche Weise Speis und Trank daraus zubereiten, aber auch gestalterisch kreativ werden. Ich möchte dir an dieser Stelle drei Gänseblümchenschätze vorstellen. Du findest bestimmt weitere.

Gänseblümchentee

Um die wohltuenden Pflanzenheilkräfte zu nutzen, kannst du dir ganz einfach einen Tee zubereiten. Pflücke dafür ein paar Gänseblümchen und gieße etwa zwei Teelöffel davon mit 250 ml kochendem Wasser auf. Lass das Ganze 10 Minuten ziehen, gib den Tee durch ein Sieb und dann genieße. Vielleicht isst du ein frisches Gänseblümchenbrot dazu.

Zuckersüße Gänseblümchen

Zupfe dir einige Gänseblümchen von der Wiese (bitte darauf achten, dass nicht gedüngt wurde und dass sich die Wiese nicht in der Nähe von stark befahrenen Straßen befindet). Verrühre ein Eiweiß mit einem Esslöffel Puderzucker, bis sich dieser aufgelöst hat. In eine weitere Schüssel gibst du feinen Kristallzucker.

Tauche die Gänseblümchen in die Puderzucker-Eiweiß-Mischung und bestreue sie anschließend mit dem Kristallzucker. Du kannst die abgetropften Blümchen auch direkt in den Zucker tauchen. Schüttele den überschüssigen Zucker ab und lass die kandierten Gänseblümchen auf einem Stück Backpapier trocknen. Du kannst sie nun als Deko für Kuchen und Süßspeisen benutzen oder du lässt dir das zuckersüße Blümchen einfach so schmecken.

Gänseblümchenstempel

Wenn du jetzt – gestärkt mit Tee und Süßem – Lust hast, kreativ zu werden, kannst du mit den kleinen weißen Blümchen und einem Stempelkissen frühlingshaftes Briefpapier herstellen. Einfach das Blütenköpfchen ins Stempelkissen und danach aufs Papier drücken.

JUNI

Impuls: Die Kraft der Jahres-(Lebens-)Mitte

Wir haben die Sommersonnenwende begangen. Die Natur steht in voller Kraft und Schönheit. Erste Obst- und Gemüsesorten sind erntereif. Die Sonne leuchtet strahlend hell vom Himmel. Das hat Auswirkungen auf uns Menschen. Wir fühlen uns stark und gut gelaunt. Und doch – das Jahresrad hat die Hälfte erreicht. Manchmal befällt uns in allem Überfluss und in aller sommerlichen Leichtigkeit eine Ahnung davon, dass es von nun an wieder dunkler wird. Jeden Tag ein klein wenig früher. Kaum sicht- und spürbar, aber dennoch unaufhaltsam.

Unser Leben wird oft mit dem Jahreskreis verglichen. Der Same, den unsere Eltern gesät haben, wird gehegt und gepflegt. Er keimt, kommt zur Welt, wächst und erblüht schließlich. Diese Zeit des Wachstums schreiben wir dem Frühling zu.

In der Sommerzeit werden wir stark, probieren uns aus, verwurzeln irgendwo. Es ist die Zeit von Ausbildung und Berufsfindung, vielleicht Hausbau und Familiengründung. Im Spätsommer können wir bereits Früchte erkennen und die erste Ernte einfahren.

Der Herbst zeigt mit seinen bunten Farben und der reichen Ernte noch einmal alles, was die Natur an Reichtum bereithält. Im Herbst des Lebens weiß der Mensch, was er kann und was er will. Er muss sich nichts mehr beweisen und ist sich seiner selbst viel sicherer als in Frühlings- und Wachstumszeiten. Er kommt aber auch nicht umhin, nachlassende Kräfte zu bemerken und sich manchmal etwas zurückzunehmen. Andere, Jüngere sind an der

Reihe, ihr Potenzial zu entfalten und ihr Engagement einzubringen. Die Älteren stehen im optimalen Fall unterstützend und beratend zur Seite und sind bereit, das Neue zu fördern, ohne sich verdrängt zu fühlen.

Der Winter schließlich ist die Zeit der Ruhe. Farben und Geräusche ziehen sich aus der Natur zurück. Altes stirbt, während unter der Erde – im Verborgenen – Neues keimt. Und wieder beginnt der Kreislauf des Lebens.

Die Jahresmitte bietet sich an, über den Lauf meines Lebens nachzudenken. Wo stehe ich gerade? Im Wachstum oder in voller Blüte? Ernte ich bereits oder ziehe ich mich äußerlich zurück, während mein Inneres – meine Seele, meine Spiritualität – immer mehr an Bedeutung gewinnt?

An meinen Jahren gemessen bin ich in der Lebensmitte angekommen. Und ich frage mich, ob ich mich auch tatsächlich in meiner Mitte befinde. Alles ist etwas milder geworden. Ich kann mich immer noch gut aufregen, aber doch irgendwie etwas gelassener auf eine Sache schauen und mich besser abgrenzen. Ich spüre in mir immer noch die Kraft des Feuers, für etwas zu brennen, aber die Hitze der Flammen ist nicht mehr so stark, dass ich Gefahr laufe, mich zu ernsthaft verletzen.

Mit einer Wanderung verglichen fühle ich mich auf dem Gipfel angekommen, die Aussicht genießend. Der anstrengende, steile Aufstieg ist geschafft. Ich lehne mich zufrieden an das Gipfelkreuz und verschnaufe. In welcher Geschwindigkeit und auf welchem Weg ich hier oben angekommen bin, kann ich nicht mehr ändern. Es ist an der Zeit, sich mit dem, was vergangen ist, zu versöhnen. Der Weg, der vor mir liegt, führt bergab. Er wird mir sicherlich noch einiges abverlangen und macht mir manchmal etwas Angst. Er führt aber auch nach Hause, in die sichere und liebevolle Umarmung meiner Familie, zu einer warmen Dusche und einer nährenden Mahlzeit. So stelle ich mir Nachhausekommen in der Ewigkeit vor. Aber jetzt sitze ich erst einmal noch hier oben in der wärmenden Sommersonne, die all die Fülle um mich herum in ihr warmes Licht taucht, und freue mich auf den weiteren Weg.

Naturerfahrung: Räucherbündel voll Sonnenenergie

Neben all den herrlichen Früchten, die du in der Jahresmitte ernten und genießen kannst, gibt es ein paar wilde Kräuter, die termingenau zur Sonnenwende blühen und die ganze herrliche Sonnenenergie in der Mitte des Jahres einfangen. Dazu zählen Beifuß, Johanniskraut, Schafgarbe, Eiche, blühender Holunder, Labkraut und Königskerze.

Alle diese Pflanzen gelten als wichtige Heilpflanzen. Beifuß wirkt anregend, Johanniskraut als ein Antidepressivum, Schafgarbe wirkt gegen Menstruationsbeschwerden und krampflösend, Eiche wirkt wundheilend, Holunder ist reich an Vitaminen, Labkraut hat den besten Honigduft und wirkt gegen Ekzeme, und Königskerze hilft gegen Husten und Lungenerkrankungen. Mit diesen Kräutern hält man also die ganze Jahresapotheke in den Händen, die man braucht, um die späteren Zeiten der Dunkelheit zu überstehen.

Du nimmst dir einen Sammelkorb, ein Messer und ein Bestimmungsbuch oder eine entsprechende App mit in die Natur. Sammle nur, wenn du dir auch sicher bist, dass es das richtige Kraut ist und nur so viel, wie ein Handstrauß ergibt. Ernte nicht alle Pflanzen restlos ab, sodass sie sich weiter vermehren können.

Aus diesen wunderbaren Kräutern winde ich in jedem Jahr entweder Kräuterbüschelchen (kleine kolbenförmige Gebilde, die ich mit Bast oder Jute umwickele, sodass sie eine feste Struktur bilden). Dann trockne ich diese und verräuchere sie im Verlauf des Jahres, wenn ich ein bisschen Lichtenergie brauche.

Auch lassen sich wunderschöne Kränze flechten, die als Erinnerung an den Sommer an Tür und Hauseingängen hängen können. Bei mir hängen sie manches Mal bis zum kommenden Sommer. Sie sehen außerdem einfach wunderschön aus.

Alternativ kannst du dir aus Leinenstoff ein kleines Kissen nähen und dieses mit trockenen Sommerkräutern befüllen. Die beste Sommerwiese im Bett, die es gibt. Getrocknet auf glühende Kohlen gelegt oder direkt angezündet, verbreiten die Kräuter ihren würzigen Duft.

Impuls: Die Heilkraft der Sonne

Ist es nicht herrlich, die Augen zu schließen und sich die Sonne ins Gesicht scheinen zu lassen? Im Frühling, wenn wir ausgehungert nach ihrer Wärme sind, oder im Sommer, nachdem wir bibbernd aus dem erfrischend kalten See kommen? Keine Frage, wenn die Sonne scheint, geht es uns besser. Das Leben ist schön, und Probleme rücken erst einmal in den Hintergrund.

Die Sonne hat Heilkraft. Ihr Lichteinfall setzt Glückshormone in uns frei und bildet gleichzeitig Vitamin D, das so wichtig für unsere Gesundheit ist. Nach einem Sonnenbad wird unser Körper besser durchblutet, der Stresslevel sinkt, ebenso wie Blutdruck und Blutzucker. Faszinierend, welche positiven Auswirkungen die Sonne auf unsere Gesundheit hat. Nicht nur der Körper, auch unsere Seele profitiert davon. Wir erahnen aber, dass Kraft und Stärke der Sonne ebenso zerstörerisch wirken können und dosiert werden müssen.

Seit jeher fasziniert die Sonne den Menschen. In vielen alten Kulturen wurden Sonnengötter wie Helios, Apollon, Re oder Sol verehrt. Der ägyptische Sonnengott Re spiegelte täglich den Lebenszyklus des Menschen wider, indem er morgens als Kind geboren wurde, mittags den Mann im besten Alter symbolisierte und abends hochbetagt starb. In der Steinzeit errichtete man kreisförmige Anlagen, die Sommer- und Wintersonnenwende fixierten und für astronomische Beobachtungen genutzt wurden. Die Kelten feierten die Tagundnachtgleichen im Frühjahr und Herbst sowie die Sonnenwenden im Sommer und Winter und ehrten damit die Sonne als den Rhythmus des Lebens.

Vor der Erfindung des elektrischen Lichts bestimmte die Sonne den Tagesablauf. Im Winter waren die Tage kürzer. Es ging beschaulicher und ruhiger zu, bis im Frühjahr das Licht und damit auch die Schaffenskraft der Menschen wieder zunahm. Heute ist dieser Unterschied nur noch in der Landwirtschaft spürbar.

Oft missachten wir den natürlichen Wechsel zwischen Arbeit und Ruhe. Auch unser Tag-Nacht-Rhythmus ist häufig aus dem Gleichgewicht geraten, und durch die Lichtverschmutzung unserer Städte gilt das auch für die Tierwelt. Wir laufen Gefahr, um uns selbst zu kreisen und dabei auszubrennen.

Wenden wir uns der Sonne zu. Sie kann unsere innere und äußere Heilung unterstützen. Unter ihrem Licht wächst Nahrung, und sie vermag unsere Seele zu trösten. Heilkräuter und Pflanzen speichern ihre Energie und geben sie an uns weiter.

Im Christentum ist die Sonne ein Hoffnungssymbol, da sie die Auferstehung Jesu an Ostern verbildlicht. Sie wird aber auch mit der Dreieinigkeit verbunden. Dabei steht ihr Inneres – das Zentrum der Sonne – für den Vater, die in die Welt hinausgehenden Strahlen für den Sohn, Christus, und die Wärme des Sonnenlichts für den Heiligen Geist.

Franz von Assisi beschrieb die Quelle des Lichts in seinem bekanntesten Gebet, dem Sonnengesang, das Eingang in die Weltliteratur fand. Dabei lobt er Gott gemeinsam mit allen Geschöpfen, besonders aber mit Bruder/Schwester Sonne*, dem Sinnbild des Schöpfers, des Tages, durch den Gott uns leuchtet.

Wo möchte die Heilkraft der Sonne in deinem Leben wirken?

* Im Italienischen ist die Sonne männlich und wird daher häufig mit „Bruder Sonne" übersetzt.

DIY: Johanniskrautöl

Wie kleine Sonnen leuchten die Blüten des Johanniskrauts, das jetzt auf Wiesen und Feldern zu finden ist. Das Gewächs, das sich unter anderem an den Öleinschlüssen in den Blättern, wenn man diese gegen das Licht hält, erkennen lässt, ist eine anerkannte Heilpflanze. Bereits die Kelten kannten ihre entzündungshemmenden und antidepressiven Eigenschaften, verwendeten sie als Altarschmuck und Schutzmittel vor bösen Geistern. Auch im alten Griechenland wurde die Heilpflanze eingesetzt.

Heute haben zahlreiche Studien die Wirksamkeit von Johanniskraut bestätigt. Dank seiner antiseptischen Wirkung eignet es sich gut als natürliches Erste-Hilfe-Mittel und zum Einsatz bei Akne und entzündlichen Hauterkrankungen. Da Johanniskraut die Durchblutung fördert, unterstützen Einreibungen auch bei Muskelverspannungen und anderen schmerzhaften Beschwerden des Bewegungsapparats. Als Salbe oder Öl aufgetragen und einmassiert, tut das Sonnenkraut Körper und Seele gut. Zur Aufhellung des Gemüts kann die Heilpflanze auch verräuchert werden. Dabei verströmt das getrocknete Kraut einen warmen, würzigen Geruch.

Bei der innerlichen Einnahme von Johanniskraut kann es zur Wechselwirkung mit Medikamenten kommen, weshalb diese immer mit einem Arzt abgesprochen werden sollte.

Vielleicht möchtest du die Sonnenkraft der Heilpflanze nutzen und dir ein Rotöl herstellen. Du kannst geschlossene Wunden damit behandeln und so die Haut elastisch halten, was Narbenbildung entgegenwirkt. Ein paar Tropfen Johanniskrautöl für etwa eine Viertelstunde ins feuchte Haar einmassiert und anschließend wieder ausgespült, wirkt bei fettiger, schuppiger Kopfhaut. Auch als Massageöl bei Muskelverhärtungen entspannt Johanniskrautöl Körper und Seele.

Du benötigst:

- frische Johanniskrautblüten*
- hochwertiges Pflanzenöl (nach Hauttyp Oliven-, Mandel-, Kokos- oder Jojobaöl) im Verhältnis 4 : 1 (also z. B. 50 g Johanniskrautblüten und 200 ml Öl)
- ein Einmachglas mit Schraubdeckel

Und so stellst du das Rotöl her:

1. Koche das Einmachglas aus, damit es keimfrei ist.
2. Zupfe die Blüten von den Stängeln und fülle sie in das Glas.
3. Fülle das Öl ins Glas (die Blüten müssen komplett bedeckt sein).
4. Stelle das verschlossene Glas an einen warmen, sonnigen Ort, z. B. auf ein Fensterbrett.
5. Lasse die Mischung etwa sechs Wochen ziehen und schüttele sie jeden Tag mehrfach. Dabei sollte sich das Öl rot färben.
6. Nach sechs Wochen seihst du das Rotöl durch ein Tuch ab und siebst die Blütenreste aus.
7. Fülle das Öl in eine dunkle Flasche und schütze es vor Sonnenlicht.

* Bitte pflücke die Blüten nur, wenn du dir bei der Bestimmung absolut sicher bist. Es gibt hilfreiche Apps, oder du lässt dich beim Sammeln von einer kräuterkundigen Begleitung unterstützen.

Impuls zur Sommersonnenwende

In diesen Tagen erreicht die Sonne in unseren Breiten den höchsten Punkt. Während der Sonnenwende – auch Sonnenstillstand genannt – erreicht der Sonnenstand die größte Mittagshöhe. Der längste Tag und die kürzeste Nacht sind die Folge.

Der Moment des Sonnenstillstandes ist auf der Nordhalbkugel irgendwann zwischen dem 20. und 22. Juni. Der genaue Zeitpunkt lässt sich jeweils für das aktuelle Jahr leicht im Internet feststellen. Die Sonne scheint nicht ganz unterzugehen. Ehe es wirklich Nacht wird und der Horizontschein verschwindet, dauert es ungewöhnlich lange. Die sogenannten „weißen Nächte" in Teilen der Erde, wo die Sonne dann kaum oder gar nicht mehr verschwindet, sind in Kunst und Literatur oft besungen worden.

In Nordeuropa feiert man dieses Fest als Midsommar-Fest mit Tanz und bunten Bändern und natürlich mit Feuer. Vielleicht hast du das schon einmal miterlebt. Fröhlich geht es dabei zu, wenn die Lieder gesungen, die ersten Kartoffeln und der frische Matjes oder Krebse gegessen werden. Frei nach dem Motto: ein Schnaps, ein Krebs, ein Lied.

Aber auch fernab von jeglicher Bullerbü-Romantik ist dieser Tag immer schon eine Zäsur im Jahreslauf gewesen: Die Natur ist auf ihrem Höhepunkt angekommen. Die Saaten sind aufgekeimt, die ersten Ernten stehen an, sogar die zweite Aussaat kann beginnen, die Felder färben sich, das Getreide beginnt zu reifen. Jetzt kommt es darauf an, genug einzubringen für den Winter. Noch während uns die ersten Sommerwinde um die Nase wehen, wird es schon Zeit, für die dunkle Jahreszeit vorzusorgen.

Denn auch das ist die Wahrheit über Mittsommer: Die Tage werden wieder kürzer. Es ist eine gute Zeit, um sich auch selbst zu fragen, was mit den Wünschen und Träumen für das Jahr geworden ist. Denn noch ist es Zeit, diese Wirklichkeit werden zu lassen.

Die Kelten glaubten, dass zum Lichtfest Litha die Götter auf die Erde kamen, den einen oder anderen Schabernack machten und Geschenke hinterließen. Der Schleier zwischen unserer Welt und der Geistwelt war jetzt besonders durchlässig, wie sie sagten. Die Eiche (was für sie ein Symbol für Götter und die Kraft der Sonne war) und der Holunder (was wiederum ein Symbol für den Zugang zur Unterwelt und für die Erdgöttin „Frau Holle“ war) haben in dieser Zeit besondere Bedeutung. Der Holunder steht gerade in seiner herrlich weißen Blüte, die Eichen bilden die schönsten Kronen.

Der Johannistag ist wohl in unserer christlich geprägten Welt das Fest, was uns damit am nächsten kommt: ein Gedenktag an Johannes den Täufer, der das bevorstehende Wirken Jesu ankündigte. Darum brennen Johannisfeuer, und es gibt andere Bräuche wie das Johannisreiten oder wie ein Bad in der Johannisnacht in einem Fluss oder See oder das Begießen der Blumen mit dem Tau aus der Johannisnacht. Die roten Johannisbeeren werden genau zu diesem Zeitpunkt reif und wollen zu köstlichen Marmeladen und Gelees, Likören und Kuchen verarbeitet werden. Welch ein Symbol für das süße, reife und pralle Leben eignet sich besser als die Johannisbeere?

DIY: Johannibrote

Das erste eigene Getreide – zumeist Gerste – mahlen und daraus ein Brot backen, das all die herrliche Sonnenenergie enthält, oder das erste Bier des Jahres brauen: Das ist die Tradition des Backens der Johannibrote. Und die sehen je nach Region ganz unterschiedlich aus: Knäckewagenräder, Kränze aus Laugengebäck, Ringe aus Sesamteig, runde Fladenbrote, Brötchenrad (viele Brötchen eng zusammenverbacken mit unterschiedlicher Körnerdeko), Julebrot, Zimtkardamomschnecken, Hefezopf als Kranz gebacken oder Radl, die lecker schmecken wie Schweinsohren. Sie alle symbolisieren eines: die Sonne.

Wir können heute ganzjährig auf Mehlsorten aller Art zugreifen. Ich möchte mein liebstes Rezept (ich habe es mündlich überliefert bekommen) mit euch teilen – ein Rezept für ein süßes Brot an Midsommar.

Wenn es schnell gehen soll, mache ich einen einfachen Hefezopf-Teig, doch es lohnt sich, dass skandinavische Rezept zu probieren. Du kannst daraus ein „Gebildebrot“ herstellen, d. h., den fertigen Teil künstlerisch in Form von Feuer und Sonne bringen. Aber natürlich schmeckt das Brot auch, wenn du es ganz einfach ohne Verzierungen bäckst.

Hier das Rezept:

- 250 g Weizenvollkornmehl
- 250 g Dinkelmehl
- 100 g Mandel gemahlen
- MS Salz
- MS Vanillepulver
- 1 geriebene Zitronenschale
- 150 g geschmolzene Butter
- 1 Ei
- 1 Würfel Hefe
- 200 ml Milch
- Mandeln zum Verzieren

Zubereitung:

1. Alle Zutaten zu einem glatten Teig verarbeiten und über Nacht im Kühlschrank ruhen lassen.
2. Am nächsten Tag noch einmal durcharbeiten und in zwei Teile teilen.
3. Jeweils ausrollen und mithilfe einer Schüssel einen Kreis ausstechen (ca. 20 cm Durchmesser).
4. Mit den Teigresten lassen sich auf der runden Scheibe nun allerlei Verzierungen anbringen (mit Eigelb verbinden), wie zum Beispiel die Himmelsrichtungen oder ein Wagenrad oder Bäume. Auch der Rand kann gewellt oder gezackt werden.
5. Alles mit Mandeln verzieren.
6. Die Brote dann zugedeckt an einem warmen Ort gehen lassen.
7. Dann auf der untersten Schiene in den kalten Backofen schieben und 35 Minuten bei 180° C Umluft goldbraun backen. Dazu passt super Holundergelee oder Johannisbeergelee.

Impuls: Das Liebesleuchten der Glühwürmchen entdecken

Irgendwann rund um Johanni tauchen sie plötzlich auf und verwandeln Wald und Park mit ihrem geheimnisvollen Leuchten in eine magisch-schöne Bühne. Mich verzaubern die tanzenden Lichter der winzigen Glühwürmchen jedes Jahr aufs Neue. Wie einen himmlischen Sternschnuppenregen empfinde ich ihr Leuchten als ein besonderes Geschenk, denn es dauert nur ein paar kurze Wochen an.

Im Juni und Juli ist die Paarungszeit der Glühwürmchen, die eigentlich keine Würmer, sondern Käfer sind. Sie werden deshalb auch Leuchtkäfer oder – nach dem Zeitpunkt ihres sichtbaren Erscheinens – Johanniswürmchen genannt. Die Leuchtkraft der Tierchen entsteht bei der Zersetzung der Carbonsäure Luciferin durch das Enzym Luciferate. Die lateinischen Namensbezeichnungen leiten sich von lux = Licht und ferre = tragen/bringen ab. Glühwürmchen sind also Lichtträger bzw. Lichtbringer.

Die kleinen Leuchtkäfer haben drei lange Jahre als Larve verbracht, bevor sie sich für eine Woche verpuppen und schließlich schlüpfen. Nach der kurzen Paarungszeit verglüht zuerst das Licht des männlichen Tieres und schließlich, nach Eiablage, auch das des weiblichen Glühwürmchens. Beide sterben. Das erscheint tragisch, verleiht ihrem zauberhaften Liebesleuchten aber dadurch fast noch mehr Magie, wie ich finde.

Schon immer haben die kleinen Lichtbringer Menschen fasziniert. So symbolisieren sie wundersames Staunen, aber auch Freude, und erinnern an unser eigenes inneres Licht. In Japan werden Glühwürmchen seit über tausend Jahren in Kunst, Lyrik und Mythologie verehrt. Dort versteht man sie als Sinnbild für die stille und dennoch leidenschaftliche Liebe.

Im Juni oder Juli lassen sich Glühwürmchen an Waldrändern, in Gebüschen, auf Wiesen, Parkanlagen oder sogar im Garten beobachten. Nimm dir Zeit und sieh ihrem Liebestanz durch die Lüfte zu. Spüre in dich hinein. Welche Empfindungen tauchen auf?

Stell dir vor, einer der leuchtenden Punkte ist dein inneres Licht, das die Dunkelheit erhellt. Gleicht es einem zaghaften Glimmen oder tanzt dein Licht fröhlich und unbeschwert durch die Nacht?

Jeder kleine Lichtträger für sich ist ein Hoffnungsschimmer. Aber zusammen erhellen sie die Nacht, lassen uns Menschen staunen und lachen.

Wo bist du ein Lichtträger in dieser Welt? Und wer sind deine Gefährten?

DIY: Solarlaternen

Ist es nicht wunderschön, wenn im Sommer der ganze Garten mit sanftem Licht erleuchtet ist? Wenn die Gartenparty zwischen Kerzen und Lampions erblüht? Im Hintergrund knistert ein Lagerfeuer.

Um dieses sanfte Licht in den Garten zu bringen, werden Kerzen in Gläsern aufgestellt. Oder Solarleuchten. Wenn du auf „analog" stehst, dann bist du schon fertig, indem du in deinem Garten die Gläser verteilst, Kerzen hineinstellst und diese in der Dämmerung entzündest.

Wenn du jedoch etwas Dauerhaftes und Wind- und Regenresistentes möchtest und dir eine echte Solarleuchte bauen willst, brauchst du folgendes Zubehör:

- Am besten eignen sich dazu Einweckgläser, die sogenannten Rillengläser. Die sind sehr robust und halten auch schon mal was aus. Gut geeignet sind die mit den Bügeln, sodass man die Gläser auch dicht verschließen kann, sowie ein durchsichtiger Deckel, damit das Solarpaneel auch genug Licht bekommen kann. Der Vorteil an meinen Solarleuchten ist nicht nur, dass sie nachhaltig sind, sondern dass sie kabellos leuchten. Das heißt, du kannst die Gläser überallhin mitnehmen und überall aufstellen, ob im Garten, am Strand oder beim Zelten.

- Neben den leeren Gläsern brauchst du noch einfache Solarlampen oder Lichtfackeln für den Garten aus dem Baumarkt (am besten welche, bei denen man die Energiefläche abschrauben kann) oder aus einem Elektronikfachhandel. Dort gibt es inzwischen extra kleine Solarbausätze für die Gläser, die wir bauen wollen.

Wenn du aber Gartenleuchten günstig bekommst oder deine Solargartenleuchten umgestalten willst, ist Upcycling noch viel besser. Auch Lichtschläuche mit Solarmodul eignen sich oder die Solarlichterketten vom Weihnachtsbaum.

1. Bau die Solarlampe/Lichtfackel auseinander und achte darauf, dass Solarpanel und Batterie sowie LED zusammenbleiben.
2. Oder bau den Bausatz aus dem Elektronikfachhandel zusammen.

3. Oder häng den Lichtschlauch in das Glas.
4. Klebe nun vorsichtig – und ohne das Solarpanel zu verkleben – die Solarbauteile in den Deckel deines Glases mit der Fläche sichtbar nach oben, sodass es im geschlossenen Zustand Licht von oben bekommt. Das LED zeigt nach unten. Schon fertig! In die Sonne stellen und aufladen und fertig!

Die Gläser kann man auch mit Steinen oder Glasstücken, Sand, Blumen oder anderen schönen Dingen verzieren.

JULI

Impuls: Ferienzeit und Ruhe finden

Juli ist Urlaubszeit. Endlich den Alltag einmal hinter sich lassen und frisch und frei Bergluft oder Seeluft oder ganz andere Reisedüfte atmen. Koffer packen, verreisen, die Oma besuchen, Ferienlager, Freizeiten, Familienausflüge, lange Sommerabende auf dem Balkon, stille Städte. All das gibt es im Juli zu erleben.

Der Anfang des Urlaubs ist für mich meistens sehr schwer. Ich bin die ganze Zeit betriebsam auf Hochtouren gelaufen, und dann schwenke ich um, lande im Urlaub und … dann ist meistens erst einmal die Luft raus.

Wie macht man es, dass man dann wirklich zur Ruhe findet?

In den ersten Tagen des Urlaubs – Phase eins – brauche ich dazu vor allem … nichts. Mir hilft es, allein zu sein. Schlafen, essen, gucken – das ist zuerst mein Programm. Und ein Notizblock. Meistens will alles aus dem Kopf heraus auf ein Papier gebannt werden, sodass es nicht mehr mein Herz und meinen Kopf besetzt.

Dann folgt oft eine Phase der Entspannung: spazieren gehen, Blumen pflücken, wandern. Gefolgt von der Phase, wo ich bereit bin, auch wieder Dinge aufzunehmen. Ich beginne einen Blick in meine Bücherauswahl zu werfen, die ich in den Urlaub mitgenommen habe. Überraschend ist, was ich dann wirklich lese. Die ersten kreativen Gedanken fließen, und ich bin auf dem besten Weg, mich zu erholen.

Es gibt aber auch Urlaube, da dauert die Phase eins sehr lang. Und dann weiß ich, dass mein Alltag zu anstrengend und herausfordernd war. Dann weiß ich auch, dass ich es verpasst habe, das Maß zu finden. Das Maß in Blau, wie ich es auch bezeichne:

Das Blau des Himmels.

Die Weite. Die Harmonie. Die Ruhe.

Die Unendlichkeit im Alltag.

Im Urlaub öffne ich mich wieder für diese Dimension. Bergblau oder Seeblau oder Himmelblau. Farben und Licht beeinflussen unsere Stimmung. Blau steht für Ruhe, Zufriedenheit, Ausgleich. Und es beeinflußt den menschlichen Organismus dahin. Vielleicht lieben wir deswegen das Meer und andere Gewässer so? Blau – eingesetzt in der Lichttherapie – wirkt, um Stress und Hektik abzubauen, wirkt still und beruhigend. Nichts ist also besser, als ab und zu ins Blau zu schauen. Oder eben einfach „blauzumachen".

Die Farbe Blau symbolisierte seit Menschengedenken auch Göttliches, etwas, das über uns hinausgeht. Wenn wir in die Unendlichkeit des Himmels schauen, können wir uns inspirieren lassen von der Weite. Wir können uns beruhigend bewusst werden, welchen doch recht kleinen Platz wir im Universum einnehmen, denn der Himmel geht über uns hinaus. Es spielt in diesem Moment keine Rolle, woran du glaubst. Ob du glaubst, dass der spirituelle Himmel ein realer Ort ist oder Fiktion. Ob Menschenseelen dorthin gehen oder nicht.

Mit dem Blick in den Himmel können wir jedenfalls feststellen: Etwas ist größer als ich. Das blaue Dach, das über uns gespannt wird, ist größer als wir selbst. Darin kann ich mich bergen, gesehen wissen von dem, was über mich hinausgeht, und mich unendlich bedacht fühlen.

Übrigens ist Blau die Farbe, die man vom All aus sieht, wenn man auf die Erde schaut. Nicht umsonst sind wir der Blaue Planet.

Auch diese Perspektive sortiert mich immer wieder ins große Ganze ein. Und im Urlaub das Blau zu meditieren, tut der Seele gut und lässt mich Ruhe finden.

Wann hast du dir das letzte Mal Zeit genommen, in den Himmel zu schauen? Einfach so?

Eine Anregung: Geh für eine Meditation hinaus in die Natur. Such dir einen schönen Platz: deine Löwenzahnwiese, eine stille Ecke im Wald, den Park, die Parkbank, die Dachterrasse, den Balkon. Leg dich mit dem Rücken auf den Boden. Vielleicht direkt auf den Boden oder mit einer Decke. Mach es dir gemütlich.

Schau in den Himmel. Zehn Minuten. Oder zwanzig. Oder eine ganze Stunde lang. Schau einfach nach oben. In das Blau. In die Weite. Vielleicht entdeckst du besondere Wolkenformationen? Siehst du Vögel fliegen? Kondensstreifen von Flugzeugen? Oder einfach nur Blau? Oder viele Blautöne?

Lass es wirken. Sauge das Blau in dich auf. Spüre die Erde in deinem Rücken. Atme. Mit jedem Einatmen kannst du sagen: „Du" (Himmel, Unendlichkeit, Gott – wie auch immer du es nennst). Mit jedem Ausatmen: „Ich bin hier."

DIY: Kopfkissenspray mit Quellwasser und Lavendel

Ich kann es nicht lassen. Immer wenn ich an Lavendelsträuchern vorbeigehe, die im Sommer überall in voller Blüte stehen, verreibe ich einen Stängel kurz zwischen meinen Fingern und inhaliere dann diesen wunderbaren Duft. Vor meinem inneren Auge ziehen die blau-violetten Lavendelfelder der Provence vorbei, und ich fühle mich ein bisschen wie im Urlaub. Lavendel riecht nach unbeschwerten Tagen am Meer, nach der Freiheit des Sommers und nach Entspannung.

Nicht ohne Grund ist der Lavendel eine anerkannte Heilpflanze. Er hilft uns, mit Stress umzugehen, innere Unruhe zu besänftigen und Ängste loszulassen. Seine ausgleichende Wirkung lässt uns leichter in den Schlaf finden, wirkt stimmungsaufhellend und beruhigend.

Wie schön, dass Lavendel sich ganz leicht im Beet oder Blumentopf kultivieren und für die eigene Hausapotheke nutzen lässt. Bekannt sind die hübschen Lavendelsträußchen, die in Wohnräumen sowohl dekorativ aussehen als auch für ein angenehmes Raumklima sorgen. Da Lavendel entzündungshemmend wirkt, kann man ein Körperöl daraus herstellen (Rezept siehe Johanniskrautöl auf S. 138) oder die Blüten als Badezusatz in die Wanne streuen und sich in den Urlaub träumen.

Für guten Schlaf und erholsame Pausen sorgen auch ein paar Sprühstöße Kopfkissenspray aus Lavendel und frischem Quellwasser.

Für die Herstellung des Sprays benötigst du:

- eine Sprühflasche (50 ml)
- 20 ml reinen Alkohol
- 20 ml gefiltertes Quellwasser (alternativ destilliertes Wasser)
- 30–40 Tropfen reines ätherisches Lavendelöl

Gib alle Zutaten in die Sprühflasche. Die Flasche muss vor Gebrauch immer geschüttelt werden, damit sich das ätherische Öl gut mit Alkohol und Wasser vermischt.

Ich habe für mein Kopfkissenspray Wasser aus meiner Lieblingsquelle abgefüllt. Falls du keine Quelle in deiner Nähe findest, kannst du auch destilliertes Wasser verwenden.

Vor dem Schlafengehen gibst du nach persönlichem Empfinden ein paar Sprühstöße auf dein Kissen. Gute Träume!

Impuls: Wenn Wasser erzählt …

Als Kind war ich mit meinen Eltern gerne in der Natur unterwegs. Meist blieben wir für einige Augenblicke stehen, wo man Wasser hören konnte.

„Was erzählt das Wasser?", fragten sie dann, und wir verharrten, um zu lauschen. Da gurgelte die Quelle, plätscherte der kleine Bachlauf leise vor sich hin oder war mit der Schneeschmelze zu einem kraftvoll rauschenden Fluss geworden.

Meine Gedanken gingen auf Reisen. Wo das Wasser wohl herkam? Was hatte es auf seinem Weg erlebt? Und wohin war es unterwegs? Noch heute stehe ich manchmal auf Brücken und Stegen, mit Blick auf den Fluss, und lasse meine Gedanken mit ihm ziehen.

Das heilige Buch der Christen ist voller Bilder. Wasser spielt eine große Rolle. Bereits in der Schöpfungsgeschichte schwebt der Geist Gottes „über den Wassern" (1. Buch Mose, Kapitel 1, Vers 2).

Auf der Flucht vor den Ägyptern teilte sich gar ein Meer, um dem Volk Gottes den Weg aus Unfreiheit und Knechtschaft frei zu machen. Und als die durstigen Israeliten sich später in einen wütenden Mob verwandelten, weil dem Auszug aus der Unterdrückung ein langer Weg durch die Wüste mit vielen Entbehrungen gefolgt war, brach Trinkwasser aus dem Felsen, an den Mose auf

Gottes Geheiß hin mit seinem Stab geschlagen hatte. Ehen wurden an Brunnen gestiftet und glückliche Menschen mit an Wasserbächen gepflanzten Bäumen verglichen. Im neuen Testament schließlich verwandelte Jesus Wasser in Wein und versprach Wasser des ewigen Lebens.

Es geht eine besondere Kraft von diesem Element aus.

Wenn wir unsere Kinder im Namen des dreieinigen Gottes taufen, tröpfeln wir Wasser über ihre Babyköpfchen. Je nach Gemeindezugehörigkeit nehmen ältere Täuflinge auch schon mal ein komplettes Bad bei dem Ritual, mit dem sie in die Gemeinschaft der Christen aufgenommen werden.

Es verwundert nicht, dass das nasse Element in unserem Leben eine so große Rolle spielt. Schließlich besteht unser Körper zu etwa 70 Prozent aus Wasser – ebenso wie der Planet, auf dem wir leben. Die Ernte, unsere Nahrung, hängt von der richtigen Menge Niederschlag ab.

Mensch und Wasser sind untrennbar miteinander verbunden. Ich kann mir gut vorstellen, dass das Wasser einiges zu erzählen hat. Kindern fällt es meist leichter, der Stimme des Wassers zuzuhören. Aber ich möchte auch dich einladen, dir die Zeit und Ruhe zu nehmen, genau das einmal wieder bewusst zu versuchen.

Geh nach draußen und suche dir einen Platz am Wasser. Öffne deine Sinne. Siehst du eine Pfütze oder das Meer? Spiegelt sich der Himmel darin? Wenn du möchtest, tauche deine Hand hinein oder lass dich beregnen.

Schließe die Augen. Stell dir vor, Gottes Geist schwebt über dem Wasser wie zu Anbeginn der Zeit. Das Chaos ordnend, schöpferisch, kreativ. Auf der Erde und auch in dir. Höre genau hin. Was erzählt das Wasser?

Naturerfahrung: Kraftvoll ins Unkraut beißen

Eine Pflanze, die mit Wasser zu tun hat, ist – Überraschung – die Brennnessel. Wer schon einmal eine Entgiftungskur oder Entwässerungskur machen musste, der weiß, wovon ich spreche, denn die Brennnessel wird immer genau dann eingesetzt, wenn sich im Körper zu viel Wasser angesammelt hat. Die Brennnessel wirkt stark entwässernd. Eine gute Gelegenheit, sich dieses Gewächs einmal genauer anzusehen:

Sie weiß sich zu wehren. Sie sticht, wenn du an ihr zerrst, an ihr reißt oder hektisch bist. Doch ist man behutsam, kann man ohne Schaden ernten oder einfach so in Kontakt mit ihr gehen. Manche schwören auf den Effekt des Brennens und verletzen sich absichtlich. Gegen Rheuma und Hautkrankheiten soll es helfen.

Die Königin der Kräuterpflanzen ist ein Universalgenie, das nicht nur quer durch die Küche anwendbar und schmackhaft ist, sondern auch noch den Frauen ihre Power gibt: Sie enthält Eisen und Vitamin C ohne Ende. Überhaupt: 20 Prozent Mineralstoffe – das schafft fast keine Pflanze. Deswegen tut sie Haut und Haar gut. Für Veganer ist sie besonders interessant, weil sie eiweißreich ist. Außerdem kann sie bei Harnwegserkrankungen, Nasenbluten, Atemwegserkrankungen verwendet werden – sie regt den Stoffwechsel an und wirkt, wie beschrieben, stark entwässernd. Die Kombination an Mineralen wirkt übrigens aphrodisierend und lässt sie ebenfalls zum Potenzmittel werden. Und das ganz einfach: gepflückt und gegessen. Sie wächst ja fast überall.

Die Brennnessel war auch ein Symbol für die schmerzliche Liebe. Ja, die Schmerzen. Irgendwann hat man es raus, wie man die

Nessel berührt, ohne sich zu verletzen. Die praktischen Anwendungen mit der Brennnessel sind unzählig.

Ich zähle sie hier einmal auf, was ich selbst probiert habe und für gut befinde, denn die Vorstellung, in eine frisch gepflückte Brennnessel zu beißen, ist eher unangenehm.

Das alles lässt sich daraus machen:

- Brennnesselpesto
- Brennnesselblätter-Chips
- Brennnessel-Zitronen-Muffins mit weißer Schokolade
- Brennnessel-Nudeln
- Brennnesseltee
- Brennnesselspinat
- Brennnessel-Smoothie
- Brennnesselsamen zum überall Draufstreuen
- Gesichtswasser
- Schnurersatz
- Flüssigdünger
- und natürlich: Unkrautbowle!

Was ist besser, als seine eigene Brennnessel-Limo im Sommer zu machen?

Hier mein Rezept für dich:

1. Pflück ein paar Brennnessel-Spitzen. Wenn du hast, kombiniere sie mit Waldmeister und Zitronenverbene. Oder teste andere Kombinationen. Ich liebe die Kombination aus Nesseln, Giersch und Pfefferminze.

2. Binde dein Kraut zu einem kleinen Strauß und hänge diesen in eine Karaffe.
3. Übergieße dein Sträußchen mit Apfelschorle (halb Sprudelwasser, halb Apfelsaft) und füge einen Spritzer Zitrone oder ein paar Himbeeren hinzu.
4. Nach einer Kühl- und Standzeit von ca. einer Stunde entfalten sich die Kräuteraromen. Mit Eis servieren. Wasser marsch!

Impuls: Barfuß im Herzen pilgern

Sommerzeit ist „Barfußzeit“. Endlich ohne Socken rumlaufen. Endlich Flipflops oder sogar nur barfuß. Die ersten Schritte sind meistens unangenehm, doch der Fuß erinnert sich sehr schnell an das Gefühl der Freiheit und gewöhnt sich bald an die neuen Gefühle und Stimulationen der Sohle.

Barfußlaufen hat für mich immer den Aspekt der Freiheit. Sobald meine Füße frei sind, fühle ich mich mit jedem Schritt leichter. Sogar in der Wohnung. In der Stadt ist Barfußlaufen eher unangenehm. Asphalt ist zu heiß für die Fußsohle und meistens auch zu schmutzig. Aber am Strand, auf Wiesen oder im Wald ist barfuß laufen herrlich weich und federnd.

Barfußzeit ist meistens Urlaubszeit. Das ist auch eine Zeit, in der sich mein Herz die Socken auszieht. Ich merke in dieser Zeit oft, dass die Emotionen, die lange nicht gefühlt worden sind oder unter dem „Wichtig-wichtig-To-do-Berg“ der letzten Wochen untergegangen sind, Platz brauchen. Sie nehmen sich den auch ungefragt, wenn mal ein bisschen Raum und Luft ist. Barfußzeit

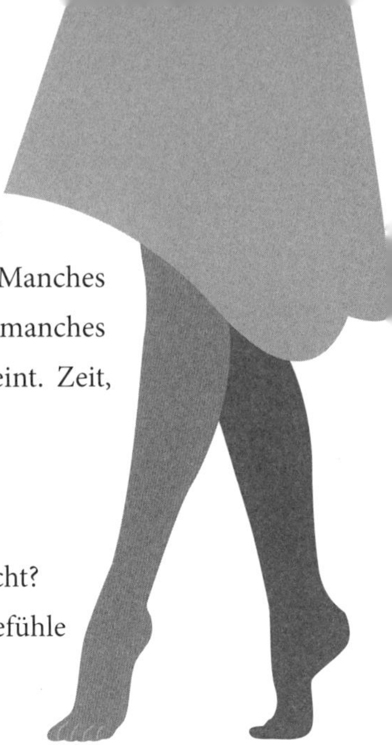

ist Zeit, sich ehrlich den Gefühlen zu stellen, die sich melden. Da mischt sich durchaus auch Glück mit Wut. Manches klärt sich, manches wird verworrener, manches kann belacht werden, manches beweint. Zeit, einmal ehrlich hinzuschauen, oder?

Was fühlst du?

Welche Gefühle sind bei dir da?

Welche zeigen sich? Welche auch nicht?

Es ist nicht immer angenehm, die Gefühle an sich heranzulassen.

Schreib dir einmal in einem stillen Momentauf, was alles an Gefühlen von deinen Fußsohlen am Herzen vorbei aufsteigt. Schreib es dir von der Seele. Und dann steck dir diesen Zettel in die Jacke und geh nach draußen auf einen empfindsamen Barfuß-Spaziergang.

Geh in die Natur und zieh dir die Schuhe aus.

So wie du die Gefühle bereits an dein Herz gelassen hast und aufgeschrieben hast, lass die Natur an deine Füße. Du hast dich im Herzen barfuß gemacht – empfindsam. Ganz konkret kannst du auch deinen Körper einmal barfuß machen. Geh langsam und bedacht barfuß ein paar Schritte. Oder geh barfuß wandern und beobachte, wie sich dein Gehen verändert. Wie fühlt sich das an? Barfuß im Herzen und barfuß, wenn die Gefühle bereits in die Tasche gesteckt worden sind?

Vielleicht bleiben deine Emotionen noch ein paar Tage in der Tasche. Mit jedem Spaziergang trägst du sie ein bisschen länger und näher mit dir.

DIY: Eine Muschelkerze gießen

Wir sammeln sie wie bunte Steine am Strand, damit sie uns – wieder zu Hause angekommen – an Urlaub, Weite und Meeresrauschen erinnern: kleine und große Muscheln. Und wer träumt nicht davon, einmal die berühmte Perle in der Muschel zu finden: einen winzigen, aber nicht minder wertvollen Schatz, entstanden durch einen fremden Eindringling, den das Weichtier mit Perlmutt ummantelt hat.

Um Muscheln ranken sich Geschichten und Legenden. Allein das Christentum kennt mehrere. So soll die Muschel das Alte und das Neue Testament versinnbildlichen, ebenso wie das irdische Grab, das den Menschen bis zu seiner Auferstehung umschließt. Auch die Gottesmutter Maria wird in Verbindung mit dem Symbol gebracht. Sie ist die Schale, aus der die Perle – Jesus Christus – hervorgegangen ist.

Die Jakobsmuschel fungierte in der griechischen Mythologie als Fahrzeug des Meeresgottes Poseidon. Die griechische Göttin der Liebe, Aphrodite, trägt eine solche Muschel mit sich ebenso wie die römische Venus.

Die Jakobsmuschel ist aber auch ein Erkennungsmerkmal der christlichen Pilger auf dem Jakobsweg. Sie führten sie mit sich, um unterwegs damit Wasser zu schöpfen. Ihr Name bezieht sich auf Jakobus, den Schutzpatron der Pilger. So assoziieren wir mit der Muschel auch das Unterwegssein und die Bewältigung unseres äußeren, aber auch inneren Weges.

Verbinden wir das starke Symbolbild der Muschel mit dem des Lichts und gießen Muschelkerzen.

Dazu benötigen wir

- saubere Muscheln
- Teelichte in Anzahl der Muscheln (für größere Muscheln eignen sich am besten Maxi-Teelichter), alternativ (Bienen-) Wachspastillen und Dochte
- eine leere, saubere Konservendose
- nach Wunsch einige Tropfen ätherisches Öl
- eventuell farbige Wachsmalblöcke

Und so geht es:

1. Am einfachsten lassen sich die Muschelkerzen mit Teelichtern herstellen. Dafür nimmt man die Lichte aus der Aluminiumform und entfernt den Docht.
2. Die Muscheln am besten in eine mit Sand gefüllte Schale legen. Das sieht hübsch aus und gibt ihnen einen stabilen Stand.
3. Die Teelichtdochte werden nun auf den Boden der Muscheln gelegt.
4. Das Wachs der Teelichte schmilzt man in einer leeren Konservendose im heißen Wasserbad. Alternativ können hier auch (Bienen-)Wachspastillen verflüssigt werden.
5. Sobald das Wachs geschmolzen ist, wird es vorsichtig in die Muschelschalen gegossen (evtl. mit dem Löffel arbeiten). Dabei muss auf den richtigen Sitz der Dochte geachtet werden. Das funktioniert am besten, wenn man den Docht mit der einen Hand festhält, während die andere das Wachs in die Schale gibt.
6. Wer möchte, kann vor dem Aushärten des Wachses noch ein paar Tropfen ätherisches Öl nach Wunsch hineintröpfeln. Ich finde Lavendel sehr stimmig.

7. Soll die Kerze Farbe bekommen, einfach ein kleines Stück von einem Wachsmalblöckchen abschneiden, mitschmelzen und gut verrühren.

Impuls: Erde, Schlamm und Sonnenzeit

Der Sommer ist eine gute Gelegenheit, ganz ohne schlechtes Gewissen die Erde ein bisschen näher kommen zu lassen. Barfuß haben wir das schon ausprobiert. Doch wie ist es, wenn der ganze Körper die Erde erfährt? Die einfachste Variante ist am Strand, denn sich nach dem Baden in den Sand zu werfen ist automatisch ein peelender Erdkontakt. Auch mit einer Moor- oder einer Schlickpackung im Kurbad kommt die Erde schon sehr viel näher. Auch das ist eine gute Erfahrung. Doch wie wäre es einmal auf diese Weise:

Ich lade dich ein, deine Erdverbindung zu spüren. Was du dafür brauchst? Dich selbst. Die Erde. Einen wirklich ungestörten Ort. Und Zeit. Nimm dir dafür außergewöhnlich viel Zeit. Während dieser Übung gibt es nichts zu tun. Nur zu spüren.

Geh an einen ungestörten Ort in der Natur.
An dem du dich sicher fühlst. Unbeobachtet.
Entkleide dich.
Mach dich frei.
Setz dich auf die Erde.
Geh in Kontakt, in die Berührung.
Lass die Kühle oder den Staub oder den Sand
der Erde dich berühren.
Wie ist der Kontakt?

Wie fühlt es sich an?

Welche Emotionen steigen in dir hoch?

Spüre dich. Deinen Körper.

Mehr gibt es nicht zu tun.

Variante: Du kannst auch zu einem See oder anderen Gewässer gehen (ganz frühmorgens oder abends ist man da meistens ungestört) und dich ins Wasser setzen. Für Menschen, die das zum ersten Mal machen, kann es erleichternd sein, nach außen wie ein Badegast auszusehen. Es ist auch möglich, mit einem weiten Kleidungsstück im Wald zu sitzen, so würde niemand, der dich sieht, darauf kommen, dass du darunter nackt sein könntest.

Ich wünsche dir Erdverbindung.

DIY: Eine Sonnenuhr bauen

Durch die Beobachtung der wandernden Sonne bestimmten die Menschen bereits vor vielen Tausend Jahren die Zeit mithilfe von Schattenstab und Skalen. Diese Methode wurde im Laufe der Jahrhunderte immer weiterentwickelt. Im Mittelalter zeigte die Sonnenuhr die Zeiten für das Stundengebet der Mönche in den Klöstern an. Die zu diesem Zweck geläuteten Kirchenglocken strukturierten zugleich den Tag der Bauern in den umliegenden Dörfern.

Zwar wurden Sonnenuhren im 19. Jahrhundert von wesentlich genaueren, mechanischen Uhren abgelöst, doch sie zieren nach wie vor Fassaden von Klöstern, Kirchen und herrschaftlichen Anwesen und üben Faszination auf uns aus.

Hast du Lust, eine Sonnenuhr für deinen eigenen Garten zu bauen?

Benötigt werden:

- eine runde Baumscheibe oder zugeschnittene Holzplatte
- Geodreieck
- Bleistift und wasserfester Stift
- Bohrmaschine
- Schattenstab (dünner, etwa 40 cm langer Stab)

Bauanleitung:

1. Lege etwa in der Mitte der Baumscheibe den Punkt fest, an dem der Stab eingesteckt werden soll, und markiere ihn mit dem Bleistift.
2. Lege das Geodreieck mit dem Nullpunkt an der Markierung an und zeichne von der Mitte ausgehend im Abstand von jeweils 15 Grad einzelne Punkte. Verbinde diese anschließend mit dem Ausgangspunkt.
3. Bohre das Loch für den Schattenstab leicht an. Stelle dann das Geodreieck neben den Bohrer (Nullpunkt am Loch) und kippe den Bohrer um den Breitengrad deines Wohnortes in Richtung Scheibenmittelpunkt. Du findest den Breitengrad deines Wohnortes leicht im Internet heraus.
4. Bohre das Loch nun weiter schräg in die Baumscheibe.
5. Jetzt steckst du den Schattenstab in das gebohrte Loch und fixierst ihn mit etwas Holzkleber. Überprüfe sicherheitshalber vorher noch einmal den Winkel.
6. Zur Einstellung deiner Sonnenuhr richtest du die Spitze des Schattenstabes nach Norden aus und platzierst

die Uhr in der Sonne. Übertrage nun die Uhrzeiten im stündlichen Abstand auf deine Baumscheibe.

7. Wenn alles passt, kannst du Zahlen und Linien mit einem wasserfesten Stift nachfahren.

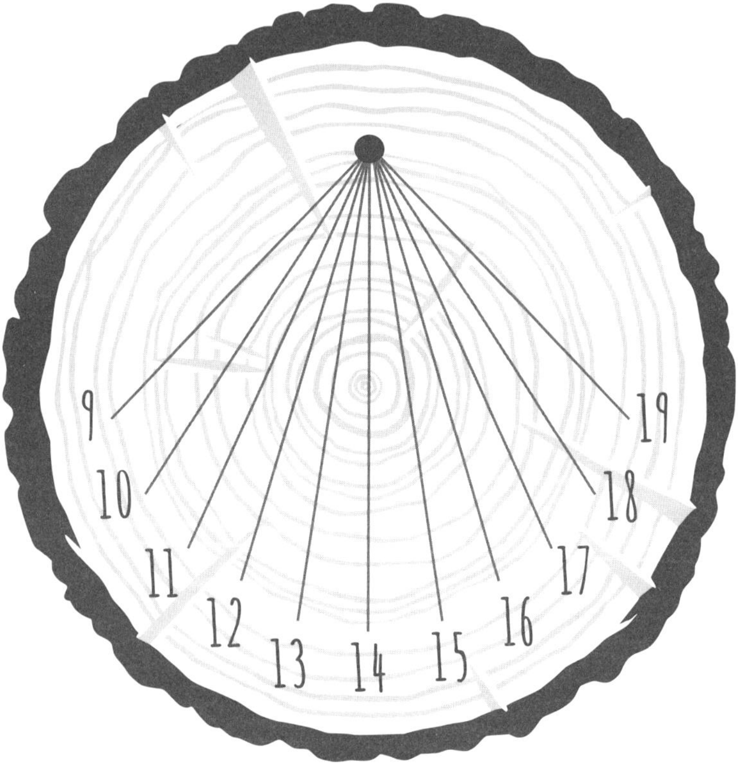

HERBST

Eines Morgens riechst du den Herbst.

Es ist noch nicht kalt;
es ist nicht windig;

es hat sich eigentlich
gar nichts geändert –

und doch alles.

KURT TUCHOLSKY

AUGUST

Impuls: Der Beginn der Ernte

Im August ist der Sommer auf dem Höhepunkt, alles reift und gedeiht. In der Nacht auf den ersten August feierten die Kelten ihr Erntefest als Tag der „Reife aller Früchte“ und läuteten damit den Herbst ein. Dieser Tag markiert im keltischen Kalender die Mitte zwischen Midsommar und der Tagundnachtgleiche im Herbst. Den Ursprung dieser Festlegung des Festes zu finden, ist gar nicht so leicht, und man findet dazu vielfältige Interpretationen und Herleitungen. Hier eine Spur, verbunden mit der Einladung, gern noch tiefer zu forschen:

Den Beginn findet dieses Fest in der irischen Mythologie als Fest für die Ziehmutter des Lichtgottes Lugh als der Göttin der Erde und der Früchte. Man nennt diesen Tag Lughnasad, „Tod des Lugh“. Vielleicht kommt diese Bezeichnung daher, dass auch in der Mitte des August die helle Zeit des Jahres sich dem Ende zuneigt. Zum Symbol dieses keltischen Festes wurde das im Frühling in die Erde gelegte Weizenkorn, das erstirbt, über den Sommer reift, um neue Frucht hervorzubringen.

Mit Lughnasad ist der Zeitpunkt gekommen, das Korn zu schneiden. Das Schneiden, der Tod des Getreides im August ist notwendig, damit andere weiterleben können. Ein respektvoller Umgang mit dem Tod, der zum Leben gehört, damit die Kornkammern neu gefüllt werden. Die keltischen Feste wurden als Dank-, aber auch als Hochzeitsfeste in Vorbereitung auf das kommende Jahr gefeiert.

Mit der Zunahme von christlichen Einflüssen verbreitete sich dann auch über Europa der Name „Lammas“, das „Schnitterfest“ oder auch das „Fest der ersten Früchte“ mit dem Fokus auf Getreide, Brot und auf dem Erntesegen, den sich die Bauern in den Kirchen geben ließen.

Auch die katholischen Feste „Maria Schnee“ (rund um den 5. August) und „Mariä Himmelfahrt“ (rund um den 15. August) nehmen zuvor bestehende Traditionen auf und verleihen ihnen eine christliche Deutungsdimension.

Noch heute verbinden Menschen jeglicher Traditionen damit vielfältige Tätigkeiten und Bräuche: Korn schneiden, dreschen, mahlen, Brot backen und verzieren. Aus Stroh etwas flechten (Erntekronen, Strohpuppen, die symbolisch verbrannt wurden) und verschiedene Erntefeste feiern.

Postmoderne Menschen haben zu diesen Traditionen, die den Ablauf des Jahres und die Rhythmen der Natur feiern und gestalten, eher weniger Bezug. Das Gefühl jedoch, das mit dieser Zeit einhergeht, ist gut bekannt: flirrende Hitze und schon kühle Nächte, der Staub der Getreideernte, die ersten Stoppelfelder, die erste Wehmut, dass der Sommer geht.

Es ist eine gute Zeit, um eine Bestandsaufnahme deiner Person und deines Lebens zu machen, eine Kornernte deiner selbst vorzunehmen, deine Ernte für den Moment einzusammeln, zu schauen, was aufgegangen ist, was noch Zeit braucht oder was vorbei ist.

Gehe dafür in die Natur (in deinen Garten, den Park oder Wald). Oder auf ein Stoppelfeld.

Mache dir drei Kuhlen oder Körbchen aus Naturmaterial (zum Beispiel Stroh) oder forme Mulden in den Erdboden. Vielleicht liegen ein paar Ähren auf dem Boden? Oder die ersten Kastanien? Blätter oder Zapfen?

Die Erntekörbchen kannst du betiteln:

Was hast du gesät?

Was hast du geerntet?

Was ist uneingelöst und muss auf das nächste Jahr warten?

Für jeden einzelnen Punkt, den du aufzählst, kannst du einen der gesammelten Gegenstände in eine der Kuhlen legen. Am Ende kannst du schauen, wie deine Ernte in die Körbchen eingegangen ist.

DIY: Eine Ährensonne binden

Von etwa Mitte Juni bis Ende August werden die verschiedenen Getreidesorten erntereif. Bis dahin können wir unseren Blick über die weiten Kornfelder schweifen lassen, die im Wind wie Meereswellen wogen und an deren Rändern sich gerne roter Klatschmohn und blaue Kornblumen ansiedeln. Möchtest du die Erinnerung daran konservieren? Dann sammle Ähren und binde dir eine Getreidesonne als Tisch- oder Fensterschmuck.

Du benötigst:

- unterschiedlich lange Ähren
- einen Holzring mit etwa 5 cm Durchmesser (z. B. einen Gardinenring)
- eine Gartenschere

So gehst du vor:

1. Um die Ähren gut biegen zu können, legst du sie am besten für etwa eine Stunde in Wasser.
2. Führe nun die erste Ähre von oben nach unten durch den Holzring. Den Stiel legst du auf der anderen Seite um den Ring und führst ihn rechts an der Ähre vorbei wieder nach oben. Lege ihn links über die Ähre und wieder hinter den Ring. Zum Schluss führst du den Stiel durch den Ring wieder nach oben und ziehst ihn durch die über der Ähre gebildete Schlaufe.
3. Knote nun Ähre für Ähre um den Ring, bis er vollständig bedeckt ist. Zieh dabei das Ende immer gut fest. Jetzt kannst du die überstehenden Halme mit der Schere auf die Länge kürzen, die dir am besten gefällt.

Wenn du einen Ring mit etwas größerem Durchmesser verwendet hast, kannst du einen kleinen Kristall in die Mitte binden und die Ährensonne ans Fenster hängen. Bei schönem Wetter bricht sich das Licht im Kristall, und deine Sonne leuchtet von innen.

Eine andere Möglichkeit ist es, die Ährensonne auf einer runden, feuerfesten Unterlage zu platzieren und ein Teelichtglas in ihre Mitte zu stellen. So kann deine Sonne auch im Dunkeln oder bei ungemütlichem Herbstwetter leuchten und dich an den Sommer erinnern.

Impuls: Die Reife feiern

Blaue Beeren, das tiefe Rot reifer Äpfel – der August bringt Fülle, wohin das Auge blickt. Es lässt sich wunderbar von der Hand in den Mund leben. Obst, Gemüse und Getreide tragen die Kraft des Sommers in sich und stecken voller Vitamine. Eine ganz besondere Zeit ist angebrochen: zwischen Wachstum und Ernte, zwischen noch nicht genießbar und überreif. Wir finden kostbare, schmackhafte Nahrung, eine Geschmacksexplosion für unsere Gaumen. Es ist die Zeit der Reife.

Seit einiger Zeit begleitet mich ein Wort durch das Jahr, in jedem Jahr ein neues. Irgendwie findet es mich und bringt mich auf meinem Lebensweg ein Stück weiter. Das erste dieser Wörter war „reifen". Ich finde, es passt gut zur Lebensmitte, und ich bin auch weiterhin mit ihm verbunden. Wie so oft hält uns die Natur einen Spiegel vor. Von der Saat bis zur Reife lassen sich Prozesse beobachten und auf unser eigenes Leben übertragen.

Es ist wohl kein Zufall, dass die Jahreszeiten so ein gutes Abbild der menschlichen Lebenszeit sind. Im Frühling ist alles auf Wachstum ausgelegt. Wir sind voller Kraft, wagen uns an die Oberfläche, strecken uns der Sonne entgegen und verwurzeln irgendwo. Der Sommer ist bunt und quirlig, vielleicht klingt er nach Kinderlachen oder er duftet nach der großen weiten Welt. Bevor der Winter mit Ruhe, Rückzug und Innenschau einkehrt, läutet der Spätsommer den Herbst ein. Es heißt, wir werden reifer. Meistens ist damit gemeint, dass wir wissen, wer wir sind und was wir können. Wo unsere Grenzen liegen und was wir bereits erreicht haben. Dass uns dieses Wissen ruhiger und gefestigter macht.

Ich sehe mir den reifen Apfel in meiner Hand an, der darauf wartet, dass ich ihn mir schmecken lasse. Dieser Apfel hat einen langen Weg hinter sich vom kleinen Apfelkern bis zur süßen roten Frucht. Ich habe ihn unter einem Baum gefunden und mitgenommen. Er schmeckt fantastisch. Ganz perfekt sieht er allerdings nicht aus. Es gibt kleine Dellen und eingedrückte Stellen. Er ist eben kein blank poliertes Supermarktprodukt.

Meine Gedanken wandern zurück zum Bild des gereiften Menschen. Er ist eine Persönlichkeit. Eine Frau, ein Mann mit Geschichte. Aber eine Persönlichkeit zeichnet sich auch durch ihre Ecken und Kanten aus. Begrenzungen und Verletzungen, an denen sie gewachsen ist. Ein reifer Mensch darf Macken haben wie der Apfel in meiner Hand.

Manchmal muss Obst oder Gemüse auch nachreifen. Es wird geerntet, gelagert und braucht noch einige Zeit, um zur wahren Reife zu gelangen. Auch das kenne ich aus meinem Leben. Bereit, einen weiteren Schritt zu gehen, werde ich plötzlich ausgebremst, aufs Abstellgleis geschoben. Scheinbar nutzlos vergeht die Zeit. Und dann ist sie auf einmal reif für mein Vorhaben, bin ich reif dafür. Oft erkenne ich den Sinn solcher (Warte-)Zeiten erst im Nachhinein.

Wenn du magst, geh hinaus und pflücke dir ein reifes Stück Obst. Sieh es dir an: seine Vollkommenheit, die satten Farben, all die liebevollen Kleinigkeiten, die der Schöpfer in diese Frucht gelegt hat. Lass deinen Blick aber auch auf möglichen Verletzungen oder Macken ruhen. Verbinde dich mit der Frucht.

Was ist in deinem Leben reif geworden? Was ist zu Ernte und Genuss für dich bestimmt? Und wo hast du Frucht für andere gebracht? Gibt es Bereiche, die vielleicht noch etwas Zeit zum Nachreifen brauchen?

Beiße jetzt voller Genuss in deinen Apfel oder lass dir die Süße der Beere auf der Zunge zergehen und genieße den Augenblick. Feiere die Reife!

Naturerfahrung: Unterm Sternenhimmel

Sterne. Tausend kleine Lichter, Wärmepunkte am Himmel. Zu allen Zeiten waren die Sterne Deutungsangebot, Bilder, Wegweisung, Wunder, Zeichen, Einladung. Sie liefern Stoff für Erzählungen und Märchen, sind Reiseführer auf weiten Wegen zu Wasser und zu Land und werden besonders in Zeiten von Sternschnuppen gern beobachtet.

So wie die Sterndeuter aus dem Orient nach Bethlehem aufbrachen oder die Seefahrer aller Zeiten die Sterne beobachteten, um den Weg nach Hause zu finden, so lade ich dich ein, zu Beginn des Herbstes nach den Sternen zu greifen, den Kompass auszurichten und dir Orientierung für die dunkle Jahreszeit zu verschaffen. Der Blick in den Sternenhimmel weitet den Horizont.

In den Nächten der ersten Augusthälfte lohnt es sich, das eigene Bett nach draußen zu verlegen. Rund um den 12. August treten Sternschnuppen besonders häufig auf; sie sind als Perseiden bekannt. Wenn man Glück hat, sieht man in manchen Nächten Feuerwerke von Schnuppen. Die Nächte können im August noch warm genug sein, sodass das Draußenschlafen zudem noch ein angenehmes, wundervolles Abenteuer werden kann. Lass dich „beschnuppen". Wünsch dir was, träum deine Träume, sende ein Gebet in den Himmel.

Falls du in der Stadt wohnst und es um dich herum zu hell ist, dann solltest du dich zu Freunden auf dem Land einladen, um den

Sternenhimmel bei klarer Nacht zu beobachten. Nimm dir Isomatte, Decke, Schlafsack, warme Klamotten, Tee und Taschenlampe mit. Geh nach draußen, solange es noch hell ist. Such dir einen schönen Ort und warte die Nacht ab. Und nimm noch vielleicht eine Begleitung mit, die gern mit dir dieses Abenteuer erlebt. Und dein Handy mit einer App für eine Sternenkarte. Oder ein Fernglas oder nichts. Such dir einen Ort in der Natur mit gutem Blick. Und dann lass dich verzaubern von den Millionen Sonnen und der Milchstraße, von Satellitenflug und Schnuppen. Vielleicht hast du ja bald einen Lieblingsstern?

Welcher Stern scheint heute nur für dich?
Unter welchem guten Stern stehst du heute?
Welches Licht wärmt dich, auch wenn es Herbst wird?
Wofür wünschst du dir eine Sternschnuppe?

Impuls: Heilkraft des Jahres sammeln

Im Spätsommer haben Blumen und Kräuter die Sonne des Sommers satt getankt. Kraut und Blüten sind voll entwickelt, gesundheitsfördernde Inhaltsstoffe oder ätherische Öle haben sich ausgebildet und die Kraft der warmen Jahreszeit gespeichert, um durch Herbst und Winter zu führen. Anfang August ist es höchste Zeit, mit der Kräuterernte zu beginnen und die Wintervorräte für Tee und Heilwesen aufzustocken. In vielen Regionen begeht man das traditionelle „Kräuterbuschen“ oder die Kräuterweihe, bei der aus Wildblumen „Gestecke“ oder einfache Sträuße aus Heilpflanzen gebunden werden, die dann kirchlich geweiht werden. Dabei entstehen richtige Kunstwerke! Diesen „Busch" hängte man dann zu Hause auf, und je nach Bedarf räucherte man immer mal wieder ein bisschen davon oder schnupperte den Spätsommer einfach so ein bisschen ein.

In der Zeit nach Weihnachten, in den Raunächten, wurde mit dem Buschen die Wohnung ausgeräuchert. Der Duft eines Buschens kann sehr aufhellend sein, wenn die Tage trüb sind. In den Kräutern der Buschen steckt alle Kraft des späten Sommers, der sich ein letztes Mal gegen die Depression des kommenden Winters erhebt.

Man sagt, dass mit dem Kräuterbuschen Anfang August die sogenannten Frauendreißiger (oder auch Marientage genannt) beginnen, also 30 Tage zwischen Mitte August und Mitte September, in denen Kräuter in Hülle und Fülle zu ernten sind. Die Anzahl der unterschiedlichen Kräuter bestimmt man nach dem folgenden Muster:

7 Kräuter für die Anzahl der Schöpfungstage
9 Kräuter für 3 x 3 als Symbol der Dreifaltigkeit
12 Kräuter für die Apostel und Stämme Israels

Aber natürlich kannst du deinen Kräuterbusch auch fernab dieser Deutungsmöglichkeit und Zahlenspiele zusammenstellen:

Natürlich ist das Kräutersammeln sehr viel älter als die katholische Kräuterweihe – wie schön, dass die Heilkräuter dort einen besonderen Platz bekommen haben. Vor allem diente zu jeder Zeit das Kräutersammeln dazu, um eine Heilapotheke für das ganze Jahr zusammenzustellen. Tee, Salben, Auszüge, Inhalationen, Mahlzeiten, Gebäck. In allem waren diese wichtigen Kräuter enthalten. Wohldosiert, passend zusammengestellt. Es ist eine ganze Wissenschaft, wie diese angewendet werden, und sie bildet noch heute die Grundlage unserer Medizin. Viele der Kräuter wurden zum Räuchern verwendet, jedes Kraut hatte auch eine bestimmte Bedeutung.

„Und wie mache ich das jetzt?", denkst du vermutlich. Ein Bestimmungsbuch oder eine App können helfen, damit du nicht irgendetwas sammelst, sondern genau das, was gesammelt werden soll. Vielleicht gehst du mit jemandem mit, der oder die sich gut auskennt? Du brauchst noch einen Sammelkorb und ein Messer, und schon kannst du losziehen. Sammeln an Straßenrändern ist wegen der Abgase und Schwermetalle tabu, aber sicher wird sich eine Wiese finden. Achte darauf, dass du nicht in Naturschutzgebieten sammelst und nur die nicht geschützten Pflanzenarten. Außerdem solltest du die sogenannte „Handstraußregel" einhalten, die, wie der Name sagt, bedeutet, nicht mehr als einen Handstrauß mitzunehmen. Vielleicht eine gute Gelegenheit, dir die Kräuter im eigenen Garten oder auf dem Balkon zu ziehen. Dort sind sie dann allzeit verfügbar.

Nach dem Sammeln hängst du den ganzen Busch oder die Kräuter nach Arten getrennt an einen trockenen und ggf. auch dunklen Ort, bis sie durchgetrocknet sind und knistern.

Da nicht alle Kräuter zeitgleich erntereif sind und es auch von der Region abhängt, in der du lebst, was wächst, beginnt die Buschenzeit meistens schon Mitte Juni mit den Kräutern, die nur zu Midsommar blühen, wie zum Beispiel das Johanniskraut. Solltest du dies verpasst haben – kein Problem –, es gibt jetzt noch bis Mitte September heilkräftiges Kraut in Hülle und Fülle: Wermut, Beifuß, Rainfarn, Schafgarbe, Königskerze, Labkraut, Mädesüß, Kamille, Goldrute, Thymian, Baldrian, Eisenkraut, Odermennig, Alant, Lavendel, Ringelblume, Getreide, Salbei und und und.

Und ganz nebenbei: Es ist unendlich meditativ, die Kräuter zu sammeln und sich dabei darauf zu konzentrieren, einfach zu atmen.

Naturerfahrung: Eine Räuchermischung erstellen

Gleich vorweg: Das Kräutersammeln hat einen Suchtfaktor. Seit ich damit begonnen habe, kann ich nicht mehr richtig spazieren gehen, sagt mein Mann. Überall sehe ich die Heilkraft am Wegrand stehen. Und inzwischen habe ich sehr viel Heilkraft verkocht, getrocknet, verräuchert, Salben, Tinkturen und Packungen hergestellt, Kosmetik erprobt. Kein Blatt war vor mir sicher. Wenn du also damit beginnen möchtest, dann lass dir gesagt sein: Es kann sehr viel Zeit in Anspruch nehmen, die Bestimmung zu erlernen, das Sammeln und Verarbeiten zu praktizieren. Diese Kunst kann richtig „süchtig machen". Mein liebstes Kraut: Salbei, Schafgarbe, Mädesüß, Gundermann, Brennnessel, Frauenmantel – ach, und jetzt schreib ich gleich doch alle auf …

Am liebsten mag ich Kräuter, die man auch gut räuchern kann. Ich nutze das Räuchern als Konzentrationshilfe zur Meditation und Gebet. Wenn der Rauch aufsteigt, ist das für mich eine Erinnerung daran, dass manches durch das Feuer gehen muss, ehe es sich verändert – transformiert wird. Jedem Kraut werden Bedeutungen zugeordnet, je nachdem, welche Heilkraft ihm innewohnt oder welche mythologische Bedeutung mitschwingt.

Als Einstieg habe ich eine Räuchermischung für den Winter (und besonders die Raunächte) für dich zusammengestellt, die man auch als Anfängerin sehr gut im Sommer sammeln kann.

Du brauchst neben einem Bestimmungsbuch oder einer kundigen Person einen Sammelkorb und ein Messer, und schon kannst du losziehen:

Zuerst auf die Wiese zum Beifuß, der wirklich an jeder Ecke wächst und für Schutz steht. Die langen Spitzen mit den ausgebildeten Samenständen sind die besten Pflanzenteile.

Dann die schönen weißen Dolden der Schafgarbe, die gern an Wegrändern wächst – eine Hilfe gegen Frauenkrankheiten.

Und schon geht es in den Wald. Je nachdem, was in deiner Gegend wächst, sammle dort Kiefernnadeln – gegen die Melancholie und Trauer, oder Fichtennadeln – für die Hoffnung.

Vielleicht findest du noch eine Eiche, die dir ein Stückchen abgebrochene Rinde für die Widerstandskraft schenkt. Und schon kannst du in deinen Garten gehen.

Dort erntest du noch Salbei für die Heilung und Melisse für die Ruhe. Hast du diese beiden Kräuter nicht im Garten, frag die Nachbarn oder kauf dir im Gartenmarkt diese Kräuter als Topfpflanze.

Als Letztes gehst du in den Supermarkt ins Gewürzregal und kaufst ein paar Wacholderbeeren. Die sind streng geschützt; du darfst sie nicht aus der wilden Natur entnehmen, es sei denn, du hast einen echten Juniper im eigenen Garten, dann darfst du höflich um ein paar Beeren bitten.

Und nun alles in einem flachen Karton auf Zeitung ausbreiten, mit Zeitung bedecken und an einem warmen, trockenen Ort abstellen. Nach ca. ein bis drei Wochen ist alles staubtrocken und knistert und rieselt. Dann ist es Zeit, die Kräuter zu zerkleinern – nicht zu klein – und zu mischen. Die Beeren kannst du ganz lassen. Keksdosen eignen sich super zur Aufbewahrung von Räuchermischungen.

Diese Mischung eignet sich zum Direkträuchern. Das heißt, du kannst sie auf einen Teller, in eine Muschelschale, eine alte Seifenschale aus Ton legen und anzünden. Die Flamme löschen und die Mischung verglimmen lassen. Das qualmt ordentlich – hurra, du räucherst.

Impuls: Die Veränderung des Lichts

Jedes Jahr im August fällt mir irgendwann auf, dass sich das Sonnenlicht verändert hat, und dann weiß ich, der Sommer verabschiedet sich. Die Herbstzeit bricht an. Als unser erstes Kind Ende August geboren wurde, dachte ich an Sommergeburtstagsfeiern mit Lampions im Garten, Swimmingpool und Eistüten. Es gibt diese Jahre, aber auch andere. Die, in denen das satte Gelb der Sonnenblumen und die ersten verfärbten Blätter um die Wette leuchten, und die, in denen Regen und Nebel Hand in Hand gehen. Die Natur verändert sich in dieser Zeit. Auf das Wetter ist kein Verlass.

Der Hochsommer ist vergangen, der Herbst noch nicht ganz angekommen. Im keltischen Kalender wird der Herbstbeginn auf den August datiert, im meteorologischen auf den September. Für mich fühlt sich beides stimmig an. Es ist eine Zwischenzeit, eine Zeit der Übergänge. Und wieder lassen sich Parallelen zum Rhythmus des menschlichen Lebens erkennen. Die Pubertät ist ein solcher Übergang, jahreszeitlich zwischen dem Frühling der Kindheit und dem Sommer des Erwachsenenlebens. Die Lebensmitte, vielleicht die Wechseljahre, lassen sich gut dem Übergang zwischen Sommer und Herbst zuordnen. Es sind Umbruchphasen, Letztere zwischen nicht mehr jung und noch nicht alt.

Auch unabhängig vom Lebensalter gibt es immer wieder Übergänge. Sie beginnen in der Kindheit mit Einschnitten wie dem Schulbeginn und begleiten uns lebenslang. Umzüge, berufliche (Um-)Orientierungen, das Eingehen einer Partnerschaft, Elternwerden oder das Verabschieden eines Kinderwunsches, Trennungen: Unser Lebenskonzept gerät ins Wanken, wird vielleicht sogar erschüttert. Wie das unsere Zukunft beeinflusst, hängt stark davon ab, ob wir die Umbrüche gut verarbeiten und diese Erfahrungen in unsere Persönlichkeit integrieren.

Kann uns ein Blick in die Natur dabei weiterhelfen? Sehen wir uns einmal genauer an, wie sich das Licht zwischen Sommerende und Herbstbeginn verändert. Alles, was die Sonne in ihr spätsommerliches Licht taucht, wirkt weicher. Fast so, als würden die Konturen leicht ineinander verfließen. Die Kraft der Sonne hat abgenommen. Ihr Leuchten ist nicht mehr so kräftig und stark.

Übergangszeiten zehren auch an unseren Kräften. Schwung und Elan fehlen im Alltag. Ich bemerke das bei Umbrüchen in meinem Leben, aber auch in Übergangszeiten der Natur wie jetzt im beginnenden Herbst. Jeder Schritt kostet mich Kraft: Aufstehen, arbeiten, das tägliche Allerlei. Es ist so mühsam. Die Kraft des Sonnenlichts nimmt ab. Was es beleuchtet, scheint nicht mehr so bunt und fröhlich.

Aber hat das veränderte Licht nicht eine andere Qualität? Eine milde, sanftere? So will ich mein Leben ansehen: mit einem weichen Blick, weniger verurteilend. Mit einem Blick der Gnade und Dankbarkeit. Für das, was war und jetzt gehen darf, und für das, was kommt. Eine Zeit der Ernte und dann eine Zeit des Rückzugs und Innehaltens.

Meditation: Eine Sonnenblumenmeditation

Jetzt stehen sie wieder in voller Blüte. Hochgewachsen und leuchtend strecken sie ihr Gesicht der Sonne entgegen. Sonnenblumen gehören zu meinen Lieblingspflanzen. Vielleicht, weil sie so groß sind, mir ähnlich. Oder wegen des Lächelns, dass sich zuverlässig einstellt, wenn ich sie ansehe, diese starken und fröhlichen Blumen. Wie ihr Name schon verrät, ähneln ihre Farbe und das runde Blütenrad der Sonne. Die Inkas sahen in der Sonnenblume ein Abbild ihres Sonnengottes, und auch Azteken und Indianer verehrten die Sonnenblume und schmückten Priester und Tempel damit. Christliche Missionare brachten die Pflanze aus Amerika nach Europa, und auch sie sahen in ihr ein Symbol der Sonne und des Lichts.

Nehmen wir uns ein paar Minuten Zeit, über die Sonnenblume zu meditieren.

Mache es dir bequem.
Finde eine angenehme Position im Sitzen.
Recke dich noch ein bisschen, bis du zur Ruhe findest.
Schließe deine Augen und komme im Hier und Jetzt an.
Nimm wahr, wie dein Atem im gleichmäßigen Rhythmus
durch die Nase ein- und ausströmt.
Vor deinem inneren Auge geht die Morgensonne
am Horizont auf.
In der Ferne nimmst du ein gelbes Leuchten wahr.
Langsam gehst du darauf zu und
erkennst ein Feld voller Sonnenblumen.
Ihre Köpfe wenden sich der Sonne zu. Du tust es ihnen nach
und spürst die wohltuende Wärme auf deinem Gesicht.

Du empfängst die Kraft der Sonne.
Richte dich auf und strecke dich ihr entgegen.
Du stehst nun zwischen den Sonnenblumen.
Hochgewachsen und leuchtend. Voller Kraft und Wärme.
Bereit für das, was kommt.
Empfange den Segen deines Gottes:
Der Herr lasse sein Angesicht leuchten über dir und
sei dir gnädig. Der Herr hebe sein Angesicht über dich und
gebe dir Frieden.
Verweile einen Moment, bis du bereit bist,
dich auf den Rückweg zu machen.
Verabschiede dich dann von den Sonnenblumen und gehe
über den Feldweg zurück zu deinem Platz.
Spüre, wie dein Atem regelmäßig durch die Nase ein- und
ausströmt. Wenn du so weit bist, öffne deine Augen wieder
und komme im Hier und Jetzt an.

SEPTEMBER

Impuls: Etwas verabschieden

Vielleicht ging es dir im letzten Herbst ein bisschen wie mir: Ich wollte nicht, dass der Sommer endet. Er war durch den verspäteten Frühling so kurz. Und von Herzen wünschte ich mir, dass der Sommer noch ein bisschen durchhalten möge. Noch ein letztes Mal im T-Shirt laufen, draußen frühstücken, Eis essen, Wiesenduft schnuppern.

Und dann, Mitte September, kann man erleben, wie diese Zeit endet. Draußen färbt sich alles in den wunderbarsten Farben und es riecht herrlich. Mitten im September beginnt diese Zeit, Tag und Nacht sind dann gleich lang, die dunklere Hälfte des Jahres beginnt. Der Herbst grüßt und setzt sich mit ans Feuer, welches an Mabon – der Tagundnachtgleiche – entzündet werden kann, um diesen kleinen und doch so großen Übergang zu feiern. Es ist nicht zu ändern, nur anzunehmen, die warme Zeit ist vorbei. Eine gute Gelegenheit, im Herbst das Loslassen zu üben wie im Lebensherbst.

Mir ging es mit meiner Lebensmitte wie mit dem Sommer. Ich wollte nicht, dass es vorbei ist, wollte noch einmal alles festhalten. Doch kaum war die Lebensmitte erreicht, fiel es mir doch ganz leicht. Leichter, als ich dachte, weil ich versuchte, mein Herz mit Dankbarkeit zu füllen. Ich bin dankbar für alles, was bisher blüht(e), Früchte trägt, geworden ist. Für Verbundenheit, Beziehung, Lebenskraft. Für Eingebettetsein. Natürlich ist nicht mehr alles möglich, oder manche Träume werden wohl nie wahr werden.

Wie bei jeder Ernte kommt es auf den richtigen Moment im Leben an. Was ist jetzt reif? Was eben auch noch nicht? Was habe ich verpasst zu ernten? Die Früchte im richtigen Moment zu ernten – mit Geduld, aber auch mit Aufmerksamkeit –, das ist eine (Lebens-)Kunst.

Aber das letzte Jahr vor der Lebensmitte hat auch gezeigt: Das wirklich Schöne und Gute, das kann wahr werden und liegt meistens in so wunderbar kleinen Sachen. So fiel das Loslassen nicht mehr so schwer. Und warum fiel es leichter? Weil ich gesammelt habe, was mich dankbar macht, und mich durch das Feuer und die wunderbaren Sonnenauf- und -untergänge rund um Mabon habe bezaubern lassen.

Es gibt im Leben immer wieder Abschiede zu begehen. Leicht oder schmerzhaft. Freiwillig oder unfreiwillig. Phasen, Abschnitte, Wege. Es tut gut, sich – wenn sie enden – bewusst zu machen, was darin Gutes lag. Dafür entzünde heute dein Feuer.

Meditation und Naturerfahrung zum Gleichgewicht

Tagundnachtgleiche. Die Erde ist in unserem Breitengrad im Gleichgewicht. Gleich viel Licht, gleich viel Dunkelheit. Mittlere Temperaturen tags und nachts. Auch das Wetter ist meistens im Mittel: ein bisschen Sonne, ein bisschen Regen, bisschen Tau, bisschen Wind.

Aber auch das ist alles nur einen kleinen Moment lang so, ehe es sich wieder ändert. Ein bisschen wie im Leben. Der Moment, in dem alles ausgeglichen ist, ist selten. In unserer postmodernen

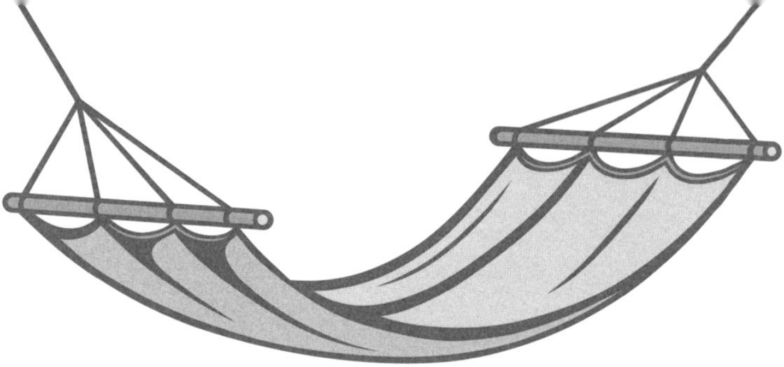

Gesellschaft ist Ausgeglichenheit ein hohes Gut, und viele streben danach. Für mich selbst möchte ich sagen: Es ist wie mit den Jahreszeiten: Den Moment der Ausgeglichenheit erhaschen wir aufgrund seiner Kürze eher selten.

Ich frage mich auch regelmäßig, ob das eigentlich ein Zustand ist, den ich für erstrebenswert halte oder halten sollte. Ich finde es eher normal, dass die Lebensamplitude mal nach der einen, mal nach der anderen Seite ausschlägt. Natürlich tun Oasen der Balance gut, aber dann geht die Reise schon wieder in die andere Richtung. So wie an Mabon die dunklere Zeit beginnt. So merke ich, dass es mir guttut, mich diesem Auf und Ab des Lebens hinzugeben und immer wieder Balance-Oasen zu schaffen. Ruhepunkte, Momente, in denen ich mir bewusst mache, dass das Leben ein Auf und Ab ist.

Damit ist die Tagundnachtgleiche, die häufig mit dem meteorologischen Herbstbeginn zusammenfällt, der perfekte Zeitpunkt für eine Naturerfahrung, die so ein Oasen-Moment sein könnte.

Dazu brauchst du eine Hängematte oder einen Hängestuhl oder ein Seil, in das man sich wie in eine Schaukel hineinsetzen kann. Falls du selbst nichts davon besitzt, kannst du es dir bestimmt von jemandem leihen.

Geh in die Natur. Spann deine Hängematte, Stuhl oder Seil auf und häng dich rein. Häng ein bisschen ab. Schau in den Himmel, in die Baumkronen. Mach es dir gemütlich, schwing ein bisschen hin und her. Schwing dich ein auf deinen Rhythmus.

Wie bist du gerade unterwegs? Im Gleichgewicht, im Stress? In der Langeweile? Was brauchst du in diesem Moment?

Impuls: Altweibersommer

Altweibersommer … Ach, ich liebe dieses Wort. Ich habe sofort Bilder im Kopf von lustigen alten Frauen, die lauter verrückte Dinge tun. Auf Bäume klettern und kopfüber in einen Waldsee springen, solche Sachen.

Meteorologisch handelt es sich einfach nur um eine Schönwetterphase im September, wenn die Sonne noch einmal alles gibt und die Welt in bunten Farben leuchtet, bevor sich der Sommer endgültig verabschiedet. Einer Sage nach leitet sich der Begriff *Altweibersommer* von den zarten Fäden der fliegenden Baldachinspinnen ab, die jetzt an ihren langen Flugfäden durch die Lüfte segeln. Besonders im Morgenlicht sind ihre vom Tau benetzten Webwerke besonders gut zu sehen. Es heißt, die silbrig glänzenden Fäden seien von Menschen in früheren Zeiten für die Haare alter „Weiber“ gehalten worden, die diese beim Kämmen verloren haben. Auch ist der altdeutsche Begriff „weiben“ ein Ausdruck für das Knüpfen von Spinnweben.

Sprachlich passt das gut zu meinen Kopfbildern. Die spinnerten Weiber, die etwas völlig Verrücktes tun jenseits von Konventionen und sich dabei nicht um die Meinung ihrer Umwelt scheren. Alte Weiber, junge Hüpfer oder irgendetwas dazwischen.

Spinnen wir uns doch einfach mal etwas zusammen. Was würdest du tun, wenn du könntest, wie du wolltest? Wenn du alle deine Bedenken, Normen und Werte, ja, vielleicht deine Erziehung einfach mal für einen Augenblick über den Haufen werfen würdest?

- Im Mondschein baden?
- Auf dem Spielplatz bis in die Wolken schaukeln?
- Spinnen – so richtig mit Spinnrad und Wolle?
- Auf einen Berg klettern und oben angekommen so laut schreien, wie du kannst?
- Dich in Stadt oder Wald mit Absicht verlaufen? (Das Handy findet schon den Weg zurück.)
- Jemandem einen Liebesbrief schreiben?

…

Mach dir deine eigene Liste. Und wenn du das nächste Mal eine Spinnwebe im Sonnenlicht glitzern siehst, denk an die alten Weiber und lass mindestens eines deiner Vorhaben Wirklichkeit werden. Du lebst nur einmal! Wenn du magst, webe für jede umgesetzte Verrücktheit einen silbernen Faden in deinen herbstlichen Naturwebrahmen. Altweiberfäden.

Naturerfahrung: In den See springen

Es gibt Menschen, die sehen ein Gewässer und springen einfach rein. Das sind auch die, die morgens um sechs bereits im Schwimmbad ihre Bahnen ziehen. Sie können nicht anders. Und es gibt Menschen, die bleiben lieber am Ufer sitzen und schauen dem Treiben zu. Zugegeben: Irgendwann in meinem Leben bin ich von der Nutria zur

Katze mutiert – von der Wasserratte zum Wasserschisser. Früher gehörte ich zum Team Wasser, heute eher zu Team Ufer, und es kostet mich etwas, mich dem Nass hinzugeben. Da muss es schon ziemlich heiß sein, dass ich einfach so ins Wasser gehe. Oder die Sehnsucht danach, abzutauchen, muss sehr groß sein.

Im September allein in einen See zu springen, gehört für mich dennoch zu den schönsten Erlebnissen der letzten Jahre. Ich war allein, der See spiegelglatt, die Sonne schien, es war morgens, ich war nackt und mutig.

Ich lade dich ein, diese kleine Schilderung als Meditation zu lesen und – warum nicht – selbst auszuprobieren. Einen See oder ein Gewässer gibt es sicherlich in deiner Nähe. Es tut auch das kühle Becken im Schwimmbad, aber nichts ist schöner als Vogelgesang und Windhauch beim Schwimmen. Willkommen dazu, mit mir einmal abzutauchen und eine Pause im Wasser zu verbringen:

Langsam.
Ich springe nicht, ich gehe.
Der Sand knirscht unter den Füßen.
Die Zehen berühren das Wasser.
Kleine Wellen kräuseln sich.
Die Hand schöpft Wasser, wäscht Gesicht und Arme.
Langsam gehe ich hinein ins kühle Nass.
Die Haut knistert, zieht sich zusammen.
Die Waden brennen einen kleinen Moment.
Wasser schöpfen und über den Oberkörper geben.
Weitergehen.
Das Wasser berührt den Bauch, es prickelt.
Ich ringe kurz um Atem.
Atme ein. Tauche ein. Atme aus.

Die Kühle umhüllte mich Stück um Stück, und wie von Zauberhand, wenn das Herz wieder ruhiger schlägt, ist es warm. Das Wasser umspielt mich, neckt mich. Ich lasse mich treiben, die Sonne auf dem Bauch, die Kühle trägt mich.

Ich tauche ab. Und später wieder auf.

Mein Körper fühlt sich gut an und ich mich ein bisschen verwegen. Wie passend im Altweibersommer.

Impuls: Die volle Süße erleben

Der Herbst ist eine Geschmacksexplosion. Jede Frucht gibt noch einmal alles, jeder Baum und Strauch ruft: Nimm und genieße! Der August und September haben es für Selbstversorger*innen in sich, und es gibt allerhand zu tun, die Früchte einzukochen und zu verarbeiten, um im Winter noch von ihnen zehren zu können.

In dieser ganzen Fülle gibt es ein paar Früchte, die nicht ganz so sehr ins Auge fallen, wenn es um das Stichwort *Ernte* und *Süße* geht. Meine liebste Frucht in dieser Kategorie ist die Eberesche. Und vielleicht ist dein erster Gedanke direkt: Ihh ... Gefahr ... giftig.

Doch halt! Weit gefehlt. Die Eberesche ist ein wunderbarer Baum, voll von Heilkraft, von Geschenken. Lass uns doch schauen, was sie so zu bieten hat:

Die Eberesche, auch Vogelbeere genannt (oder auch Aberesche, Wilde Esche, Ebsche – je nach Region), ist ein unscheinbarer Baum mit gefingerten großen Blättern, der als Wildfrucht zu Unrecht unterschätzt wird. Oft als Begrünungsgehölz eingesetzt, als Alleebaum oder Wildwuchs an den Rändern der Wälder, bietet er Nahrung und Schutz den ganzen Winter hindurch.

Die knallorangenen Beeren sind süß und herb zugleich; sie speichern mehr Vitamin C als jede andere Frucht in unseren Breitengraden. Sie sind die Wildfrucht, die dich durch den Winter bringen kann, denn sie hat den Sommer in sich. Und die Beeren hängen auch den Winter hindurch als Restaurant für die Vögel bereit. Bis im Frühling die ersten Halme hervortreten, hält die Eberesche bereit, was für den Winter benötigt wird.

Einer der englischen Namen der Eberesche „Thor's Helper" (in der nordischen Mythologie ist die Eberesche der Baum Thors) deutet auf die rituelle Bedeutung der Eberesche hin: So zart die Vogelbeere von Weitem wirkt, so widerständig ist sie.

Nicht nur das robuste und gleichzeitig biegsame Holz macht sie beliebt. Sie ist ein Vorbild im „Zähsein", darin, sich anpassen zu können und das Beste hervorzubringen. Sie gilt noch immer als heiliger Baum, eben weil Überwinterungskraft in ihr steckt. Aus der Eberesche wurden sehr gern Holzkreuze für Altäre und Kirchen gefertigt. Vielleicht weil man wusste, welche Kraft in diesem Baum steckt?

Geh auf die Suche nach der Eberesche – suche die Vogelbeere in deiner Nähe. Sie kann bis 15 m hoch werden, die Blätter sind bis 20 cm lang und unpaarig gefiedert, scharf gezahnt, haarig, die Früchte in Dolden (wie beim Holunder) hängend, orange und ca. 1 cm im Durchmesser groß.

Verwechslungsgefahr besteht mit einigen roten Beerenarten, die in die Parks und Wälder Einzug gehalten haben (z. B. die schwedische Mehlbeere, Elsbeere). Sei dir hundert Prozent sicher, ehe du eine Frucht probierst. Es ist also lohnenswert, Bestimmungs-Apps, Bücher und Bilder und kundige Menschen zurate zu ziehen.

Nimm die Beeren einmal in die Hand.
Lass sie einzeln durch deine Finger rollen.
Spüre die Eberesche.
Sie hat Kraft.
Sie hat alles, was man zum Überwintern braucht.
Was hilft dir zu überwintern?
Welche Kraft hast du in dir gespeichert?
Was ist dein Vitamin C?
Wovon zehrst du?
Was ist deine Kraftquelle?

Und dann wünsche ich dir viel Spaß beim Sammeln der Beeren und beim Probieren. Schmeckst du es? Bitter und gleichzeitig süß? Ich finde, es ist eine Beere wie das Leben selbst. In allem, was wir tun, steckt Süße und auch Bitteres. Eben die volle Süße.

Was man mit diesen Früchten machen kann, fragst du dich. Den bitter-süßen Akzent kann man sich gut zunutze machen: Getrocknet schmecken die Beeren sehr gut im Müsli (Superfood), in Brot, im Schokoladen-Karotten-Kuchen oder im Apple Crumble. Sie bilden auch eine originelle Dekoration. Eingefroren und später verarbeitet eignen sie sich frisch aufgetaut um Chutneys, Soßen, Essig, Marmeladen zuzubereiten. (Meine Empfehlung ist: Zwei Tage einfrieren und dann mit Pflaumen zu Pflaumen-Ebereschen-Marmelade verkochen.) Frisch geerntet kann man sie direkt verkochen, Fruchtschnitten machen, Müsliriegel zaubern, Früchtesuppen kochen – aber bei dieser Zubereitungsart ist sie bitterer. Vogelbeeren sind eine schöne Dekoration in tausend Varianten. Oder stellen einen schönen Schmuck an den Ohren dar (warum nur Kirschen tragen?).

Noch ein Wort zum Thema „giftig“: Die in Vogelbeeren enthaltene Parasorbinsäure kann in größeren Mengen eingenommen zu Magenproblemen und Durchfall führen. Durch Frosteinwirkung, Kochen oder Trocknen der Beeren verflüchtigt sich die Säure.

DIY: Apple Crumble

Wir feiern Erntezeit. Die Natur gibt großzügig, und wir pflücken, sammeln, kochen, backen und konservieren. Langsam verliert die Sonne an Kraft. Morgens kriecht der erste Bodennebel über die Felder, abends kuscheln wir uns lieber in die Sofadecke, statt auf der Terrasse zu sitzen. Kerzen werden angezündet, und wer einen Ofen hat, schürt zum ersten Mal wieder ein. Kräutertee dampft aus der Tasse. Der Herbst zieht ins Land. Gibt es jetzt etwas Schöneres als den Duft von Apple Crumble, der verführerisch durch das ganze Haus zieht? Ich verrate dir mein Lieblingsrezept.

Zutaten:

- 1 kg Äpfel
- 200 g Mehl
- 100 g Butter
- 100 g Zucker
- etwas Zimt nach Geschmack

Zubereitung:

1. Heize den Herd auf 180 Grad Ober-/Unterhitze vor.
2. Fette eine große Auflaufform mit etwas Butter.

3. Schneide die Äpfel klein.
4. Verknete dann Butter, Mehl und Zucker mit den Händen zu Streuseln.
5. Gib die Äpfel in die Form und anschließend die Streusel darüber.
6. Backe das Crumble für etwa 30 Minuten.

Statt Äpfeln kann man auch sehr gut Birnen oder eine Apfel-Birnen-Mischung verwenden. Wir essen das Crumble am liebsten noch warm aus dem Ofen mit etwas Vanillesoße oder einer Kugel Eis. Hmmm, ich kann es schon riechen. Du auch?

Impuls: Bunt sind schon die Wälder – Vielfalt feiern

Sie sind wunderbar, die sonnigen, spätsommerlichen Herbsttage, deren Licht das Bunt der Natur leuchten lässt. Die Farbpalette der Blätter reicht von Grün und Gelb über Rot und Braun und alle möglichen Schattierungen dazwischen, oftmals auf einem einzigen Blatt. Beeren schimmern in Rot, Violett und Dunkelblau. Die Goldrute macht ihrem Namen alle Ehre. Vor ihrem Rückzug schöpft die Natur noch einmal aus dem Vollen und schenkt uns einen Farbrausch fast wie ein Abschiedsfeuerwerk.

Besonders die Blätter haben es mir angetan. Bei jedem Spaziergang könnte ich sie sammeln. Ausgerechnet die Abnahme des Lichts führt dazu, dass die Blätter bunt werden und in den schönsten Farben leuchten, als wollten sie die zunehmende Dunkelheit kompensieren.

Ab dem Frühling erzeugt der Baum mithilfe des grünen Pflanzenfarbstoffs Chlorophyll Sauerstoff und Energie aus Sonnenlicht, Wasser und Kohlendioxid. Der faszinierende Vorgang der Fotosynthese. Verliert die Sonne im Herbst an Kraft, fährt der Baum diesen Prozess zurück. Das Chlorophyll wird abgebaut und in Wurzeln, Ästen und Stamm bis zum nächsten Frühjahr eingelagert, wo der grüne Farbstoff mit Einsetzen des neuen Wachstums wieder benötigt wird.

Chlorophyll, dessen Name aus dem Altgriechischen stammt und so viel bedeutet wie hellgrün, frisch (chloros) und Blatt (phyllon), überlagert die anderen Farbstoffe des Blattes. Zieht es sich zurück, kommen sie zum Vorschein. Anthocyane und Carotine, die der Pflanze während des Sommers als UV-Schutz, ähnlich wie eine Sonnencreme, gedient haben, werden sichtbar. Wir kennen die roten und violetten Pigmente der Anthocyane auch aus Trauben und Blaubeeren, die jetzt reif sind. Der gelbe bis rote Farbstoff der Carotine steckt in Karotten, Orangen und Paprika. Beide Pigmente waren bereits im Blatt enthalten. Sie kommen jetzt, mit Rückzug des Chlorophylls, zum Vorschein und lassen die Baumkronen der herbstlichen Laubwälder in bunten Farben leuchten.

Etwas, das bisher benötigt wurde, wird abgestreift, wodurch anderes zum Vorschein kommt. Gibt es das nicht auch in unserem Leben? Wenn ich zurückdenke, kommt mir meine Kindheit fröhlich, bunt und unbeschwert leuchtend vor. Im Laufe der Zeit gab es so manche emotionale und soziale Prägung. Ich habe – oft aus gutem Grund – Mäntel der Vorsicht, der Vernunft oder des Schutzes angelegt. Daran ist nichts falsch. Aber von Zeit zu Zeit frage ich mich, ob all diese Schichten noch notwendig sind oder ob ich die eine oder andere ablegen, mich von ihr befreien sollte. Vielleicht kann ich sie auch wie einen wärmenden Mantel in den Schrank hängen, zu dem ich jederzeit Zugriff habe.

Welche Farbe hat mein Innerstes, wenn ich die Schutzschichten ablege? Welche Facetten meiner Persönlichkeit kommen zum Vorschein? Hast du dich das auch schon gefragt?

Wovon kannst du dich lösen? Wozu ist die Zeit jetzt reif? Was darf/soll/muss jetzt weg, damit du in deine Kraft kommst und leuchtest?

DIY: Mit Naturmaterial kreativ werden

Im September feiern wir die Fülle der Natur. Wir genießen sie mit allen Sinnen: schauen, schmecken, riechen die Gaben der Schöpfung. Ich möchte dich einladen, diese Fülle auch kreativ zu verwenden. Werde Schatzsucherin – und dann male, drucke, färbe mit dem, was du findest. Ich habe dir hier ein paar Inspirationen zusammengestellt.

Malen wie in der Steinzeit

Uralte Höhlenmalereien sind etwas Faszinierendes. Es ist beinahe unvorstellbar, dass sie bereits vor mehreren Zehntausend Jahren entstanden. Die Menschen nutzten, was sie vorfanden: Kohle, Ton, Erde und Pigmente wurden mit Fingern, Blasrohren und vielleicht auch mit Pinseln aus Zweigen und Fell auf die Felswände gebracht.

Welches Material findest du in der herbstlichen Natur, um deine Spuren zu hinterlassen? Blätter, unterschiedliches Erdmaterial (z. B. sandig oder lehmig), Blüten, Kräuter, Beeren …

Werde kreativ! Zerdrücke Beeren direkt auf dem Papier oder vermische sie mit Wasser zu einer glatten Paste. Verrühre Erde mit Fett, geraspelte Blätter mit Wasser. Eine festere Konsistenz erreichst du durch Andicken des Materials mit Tapetenkleister. Stelle Pinsel aus kleinen Ästen her, deren oberes Ende du etwas ausfranst. Du kannst auch Pflanzenstiele dafür verwenden. Experimentiere mit unterschiedlich starkem Papier und anderen Untergründen. Hinterlasse Spuren!

Färben mit Blüten, Beeren & Co

Färbe Stoffe oder Wolle mit pflanzlichen Produkten wie Blüten, Blättern oder Wurzeln. Im Internet finden sich zahlreiche Anleitungen dafür. Um eine gute Übersicht zu haben, welche Pflanzenfarben entstehen, kannst du ein Färberbuch gestalten.

Kaufe oder binde dir dafür ein Heft mit leeren weißen Seiten und zeichne die jeweilige Färbepflanze auf die linke Seite (du kannst auch einen Bildausdruck einkleben). Auf die rechte Seite kommt ein dazugehöriges eingefärbtes Wattepad.

Gut finden und verwenden lassen sich z. B.

- Kamillenblüten
- Birkenblätter
- Salbei
- Rote Bete
- Walnussschalen
- Goldrute
- Sonnenblumenblätter
- Weintrauben
- Beeren.

Zum Färben werden die Blätter mit kochendem Wasser übergossen und nach einer Weile abgeseiht. Früchte kocht oder entsaftet man.

Vielleicht für manche überraschend: Die Farbe der Pflanze und das Färbeergebnis sind nicht immer identisch.

Pflanzendruck
Ganz simpel und wunderschön ist der Pflanzendruck. Verschiedene Blüten lassen sich einfach mit Farbe bestreichen und auf Papier oder Stoff stempeln. Auch Gräser, Farne und Blätter eignen sich gut als Motive. Eventuell müssen die Pflanzen vor dem Drucken kurz gepresst werden.

OKTOBER

Impuls: Die Früchte des Jahres sammeln – Erntedank

Wenn die Stufen vor dem Kirchenaltar mit den Früchten des Feldes reich geschmückt sind – blaue Trauben, frisch gebackenes Brot aus Weizen und Roggen, orangefarbene Kürbisse, Kartoffeln in allen Größen und vielem mehr – feiern wir Christen Erntedank. In Berggemeinden fällt das Fest häufig zusammen mit dem Almabtrieb, bei dem das Vieh prächtig geschmückt unter lautem Glockengeläut von der Alm zurück in die Ställe getrieben wird, um dort den Winter zu verbringen.

Auch andernorts kennt man Erntedankprozessionen. Manchmal ziehen Kinder mit Leiterwagen von Haus zu Haus und sammeln Erntegaben für die Kirche. Nach dem Gottesdienst werden die Lebensmittel an bedürftige Menschen weitergegeben.

An Erntedank feiern wir die Schöpfung und danken Gott für unsere Versorgung. Bräuche und Rituale sehen dabei von Land zu Land unterschiedlich aus. So zelebriert zum Beispiel Frankreich die Weinlese, während in den USA Anfang November die Familie zum Truthahnessen zusammenkommt.

Nicht nur die christliche Tradition kennt derartige Dankesfeste. Das Judentum feiert zwei: Im Mai/Juni begehen die jüdischen Gläubigen Schawuot nach der ersten Weizenernte. Im Herbst gibt es dann das siebentägige Laubhüttenfest zum Gedenken an den Auszug Israels aus Ägypten. Die behelfsmäßigen Unterkünfte von damals – sogenannte Laubhütten – werden aus Zweigen nachgebaut und mit Erntegaben geschmückt. Im Islam gibt es das Ramadanfest zum Fastenbrechen. Hindus feiern den Erntebeginn im Januar, indem sie bunte Drachen steigen lassen. In Mexiko mischen sich bei „La Guelaguetza", einem Fest des Gebens und Teilens, das Gedenken an eine katholische Schutzheilige und die Verehrung des aztekischen Maisgottes Centeotl.

Ein Blick in die Vergangenheit zeigt, dass auch die alten Römer, Griechen und Ägypter Dankesfeste zu Ehren ihrer Fruchtbarkeitsgötter begingen. Die Kelten feierten im August ein Kornfest und zur Tagundnachtgleiche im September ein Weinfest. Drei Tage Erntedank gab es bei den Germanen, die Kränze aus dem letzten Kornschnitt banden.

Die Früchte des Jahres sind reif zur Ernte. In den unterschiedlichsten Kulturen und Religionen aller Zeiten werden und wurden Erntedankfeste gefeiert. Bei aller Verschiedenheit haben ihre Rituale etwas gemeinsam:

- Ausdruck von Dankbarkeit
- Feiern in Gemeinschaft
- Teilen der Fülle mit anderen

Die Früchte des Feldes versorgen uns mit lebensnotwendiger Nahrung. Aber auch in unserer Persönlichkeit findet Entwicklung statt, bringt unser Leben Frucht.

- Was kannst du in diesem Jahr ernten?
- Wofür bist du dankbar?
- Wie zeigst oder feierst du das?
- In welchen Bereichen möchtest du von deiner Fülle abgeben?

Meditation: Der Natur etwas zurückgeben – ein Mandala legen

In unserer Nachbarschaft gibt es eine alte Gärtnerei. Die Besitzer sind längst im Rentenalter und haben den Pflanzenverkauf eingestellt, sie pflegen aber nach wie vor das große Grundstück, auf dem wunderschöne Blumen wachsen. Immer wenn der Sonnenschirm am Zaun aufgespannt ist, kann man für ein paar Euro kleine bunte Sträuße kaufen. So lange, bis im Herbst die Felder umgegraben werden und einen Winter lang brach liegen.

Im Spätsommer wachsen auf den Feldern jede Menge Sonnenblumen, die schon von Weitem leuchten. Vor ein paar Jahren fragte ich den alten Gärtner, ob ich einen Strauß bekommen könne. Er schnitt ein paar Blumen für mich und erzählte mir dann, dass sie nur einen Teil der Sonnenblumen für die Vase schneiden. Der größte Teil bleibt stehen, verblüht schließlich und versorgt die Vögel in der kalten Jahreszeit mit nahrhaften Kernen. Man könne schließlich nicht nur von der Natur nehmen, erklärte er, sondern müsse ihr auch etwas zurückgeben.

Der Gedanke blieb hängen. Zwischen Geben und Nehmen braucht es ein gesundes Gleichgewicht. Das ist eigentlich keine neue Erkenntnis. Dennoch bedienen wir Menschen uns mit einer Selbstverständlichkeit in der Natur und haben erst in den letzten Jahren begonnen, uns damit auseinanderzusetzen, dass diese Einseitigkeit ihren Preis hat.

Martin Luthers Übersetzung des göttlichen Auftrags an die Menschen im Schöpfungsbericht der Bibel lautet: „Und Gott segnete die Menschen und sprach zu ihnen: ‚Seid fruchtbar und mehret euch und füllet die Erde und machet sie euch untertan.'" Diese Übersetzung ist missverständlich und wurde häufig als Rechtfertigung für die Ausbeutung der Natur benutzt. Dabei meint der hebräische Text mit den Worten „sich etwas unter die Füße nehmen“ so viel wie die Arbeit eines Gärtners, der die Erde segensvoll bewirtschaftet, und das schützende und fürsorgliche Umherziehen eines Hirten mit seiner Herde. Es geht also darum, dass wir Menschen behutsam mit der uns anvertrauten Schöpfung umgehen und alles tun, um sie zu pflegen und zu bewahren.

Wie können wir diesem Auftrag im Kleinen nachkommen, ohne in der großen Politik mitzumischen? Bäume pflanzen, beim nächsten Spaziergang im Wald Müll aufsammeln, einen kleinen Teich für durstige Bienen im Garten anlegen, Blätterhaufen als Unterschlupf für Igel im Winter anlegen, statt sie mit lauten Laubbläsern auf die Straße zu entsorgen … Bestimmt fällt dir noch mehr ein.

Und während du dir wertvolle Gedanken machst, spüre doch der Schönheit und Kostbarkeit der Natur nach, indem du ein Mandala aus ihren Gaben legst.

Geh hinaus und sammle dein Legematerial, z. B. Kastanien, bunte Herbstblätter, Baumzapfen, Bucheckern – was immer dir geeignet erscheint. Du kannst das Mandala direkt im Freien auf dem Waldboden gestalten.

Mandalas sind immer kreisförmig und werden von innen nach außen gelegt. Nimm dir Zeit, wenn du dein Mandala legst.

Schenke jedem Gegenstand deine volle Aufmerksamkeit:

Wie fühlt sich das Blatt an?

Wonach riecht der Baumzapfen?

Was verbindet dich mit der Kastanie?

Genieße das meditative Legen des Kreises und spüre, wie alles andere von dir abfällt.

Erlebe den Entstehungsprozess achtsam und dann betrachte wertschätzend, was vor dir liegt.

Wenn es an der Zeit ist, verabschiede dich von deinem Bodenbild.

In den nächsten Tagen wird es sich auflösen und wieder eins mit seiner Umgebung werden. Buddhistische Mönche verbinden dieses Auflösen mit der Unbeständigkeit und Vergänglichkeit alles Irdischen und verstehen es als Lektion zum Loslassen. Vielleicht kann es das auch für dich sein.

Impuls: Liebe Hagebutte

Ein Männlein steht im Walde ganz still und stumm.
Es hat von lauter Purpur ein Mäntlein um.
Sagt, wer mag das Männlein sein,
das da steht im Wald allein
mit dem purpurroten Mäntelein?

Das Männlein steht im Walde auf einem Bein
und hat auf seinem Haupte schwarz' Käpplein klein.
Sagt, wer mag das Männlein sein,
das da steht im Wald allein
mit dem kleinen schwarzen Käppelein?

Das Männlein dort auf einem Bein
mit seinem roten Mäntelein
und seinem schwarzen Käppelein
kann nur die Hagebutte sein.

Heinrich Hoffmann von Fallersleben, 1843

So singt der Volksmund nach Heinrich Hoffmann von Fallersleben. Meistens nur die erste und zweite Strophe, sodass nie ganz klar sein konnte, um wen es sich handelt. Was mag deine erste Assoziation zum „Männlein im Walde" gewesen sein? Gemeint ist in diesem Lied jedenfalls die Hagebutte – und nicht der Fliegenpilz, wie oft angenommen wird, denn der hat kein schwarzes Käppchen.

Man kennt sie unter vielen Namen: Hagebutze, Haneputtchen, Buddeln, Bottel, Hahnedorn, Jöbke, Jeepkes, Hetschepetsch, Hertscherl. In den meisten Fällen als Hagebutte. Schon als Kind hat mich irritiert, dass die Hagebutte in dem Volkslied ein „Männlein" sein sollte, war die Artikelbezeichnung doch weiblich.

Werfen wir einen Blick in die Überlieferung der Vorfahren: Bereits die Kelten und Germanen wussten um die Heilkraft der Hagebutte. Sie ist unser heimisches Superfood und enthält Vitamin A und C und viele Mineralstoffe. Leicht säuerlich, belebend, süßlich lecker, ein toller Ballaststoff, fördert sie die Verdauung.

Wegen der enthaltenen Flavoide wirkt die Hagebutte entzündungshemmend und wird auch als Blasenmittel verwendet.

Bei den Germanen galt sie sogar als Symbol der Fruchtbarkeitsgöttin Freya. Und das klingt ziemlich weiblich. Seit alter Vorzeit ist die Hagebutte also Symbol der Weiblichkeit. Der Fruchtbarkeit, der Liebe, der Erotik, der Sinnlichkeit. Im Sommer begegnet sie uns mit einem rosa Tüllkleid als Wildrosengewächs und im Herbst bildet sie Fruchtkörper in Knallrot aus, die den ganzen Winter über in der Natur zu finden sind. Sie steht gern am Wegrand, am Waldrand, in großen Büschen oder an den Autobahnen als Hage (Gebüsch, Hecke, Grenze). Sie ist eine Bewacherin, Behüterin. Die Frucht steht – wie die Blüte – für die Weiblichkeit, für Unschuld, Zartheit, aber auch für die weibliche Kraft.

Die Hagebutte ist wie das Dornröschen im Märchen, und wer zur unpassenden Zeit durch die Hecke dringen und das Geheimnis der Liebe lüften will, der wird gestochen. Erst wenn die Zeit reif ist, öffnet sich die Hecke und fällt die Frucht einem buchstäblich in die Hände. „Weckt sie nicht, bis sie sich regt", heißt es im biblischen Hohelied der Liebe.

Die wunderschönen roten Früchte leuchten dir in den ersten grauen Tagen entgegen. Sie sind wie kleine Lampen, wie ein Laternenumzug im Wald. Die Hagebutte ist ein Wegweiser durch die trüben Tage. Für Frau und Mann und alle, die sich diesen Kategorien nicht zuordnen. Die Powerfrau unter den Pflanzen leuchtet uns ein bisschen den Weg und erzählt über das Geheimnis der Liebe, die den Winter überdauert:

Sie blüht, sie reift, sie bildet aus, sie ist köstlich und dornig, sie überwintert. Sie kann auch kratzen und lange wehtun. Sie kann köstlich sein, ein Genuss, wenn man Geduld aufbringt. Wie die

Liebe. Schon beim Sammeln und Ernten der Frucht wirst du eine besondere Beziehung eingehen zu der Rose. Sie wird dich necken und berühren, kratzen und verjagen, locken und nähren. Wie die Liebe. Die Hagebutte ist so wunderschön. Wie die Liebe.

Sieh dich selbst als Rose. Als Hagebutte.

Wie blüht, reift und überwintert deine Liebe?

Wie überwintern deine Weiblichkeit, deine weiblichen Anteile?

DIY: Hagebuttenherzen

An den Sträuchern, an denen im Frühjahr weiße und rosafarbene Röschen blühten, leuchtet jetzt das kräftige Rot der Hagebutten. Die Wildfrucht macht sich sehr gut als herbstliche Deko. Kleine Hagebuttenkränze oder -herzen lassen sich ganz einfach und ohne großen Aufwand herstellen.

Du benötigst:

- ein paar Handvoll rote Hagebutten
- Schleifenband (rot-weißes Karomuster sieht sehr hübsch aus)
- eine Drahtschere
- gut biegbaren, nicht zu dicken Draht

Und so geht's:

1. Schneide den Draht auf die gewünschte Länge zu und fädele dann die Hagebutten auf.
2. Biege den Draht in Herz- oder Kranzform.
3. Verzwirble dann die beiden Drahtenden miteinander.
4. Zum Schluss wird das Band zum Aufhängen angebracht.

Du kannst die Hagebuttenherzen oder -kränze ans Fenster hängen, wo ihr kräftiges Rot besonders schön im Sonnenlicht leuchtet. Oder du legst den Kranz um den oberen Rand eines Weckglases, in das du ein Teelicht stellst. An Baumzweige gehängt, schmücken die kleinen Kränze deinen Garten und dienen im Winter den Vögeln als Futter.

Impuls: Tanzen – Freude ausdrücken

Zu meiner Prägung gehört, dass nicht oder nur sehr wenig getanzt wurde. Ein gediegenes Walzertanzen an einer Hochzeit war okay, aber Tanzveranstaltungen in der Nacht waren eher nicht angesagt. Und das vor allem wegen der von Eltern befürchteten Begleiterscheinungen, die Tanzen bei Jugendlichen hervorrufen könnte: Knutschen mit Namenlosen, Alkohol- und Drogenkonsum, um nur zwei zu nennen.

Tanzen als Sport oder als Kunst war allerdings gern gesehen, und so lernte ich neben den Standardtänzen auch Rhythmische Sportgymnastik und Tanz. Manche Bewegungsabläufe, Formen, Haltungen kann ich bis heute, auch wenn ich lange nicht mehr so sportlich bin wie damals und es eher knackt als tanzt.

Tanzt du?

Tanzen ist ein Ritual, ein Brauch, eine darstellende Kunstgattung, ein Beruf, ein Sport, eine Therapieform, soziale Interaktion oder ein Gefühlsausdruck. Es vereint also viele Bedeutungsformen, sagt Wikipedia.

Zur Erntezeit sind bis heute bestimmte Erntetänze oder Tanzen als Gruppenerlebnis Ausdruck des Dankes und der Freude. Viele Tänze wie Polka und Gruppentänze erzählen davon noch heute. Auch wenn man in den Dörfern Erntefeste beobachtet und dann die traditionellen Tänze in Trachten sieht, kann man noch ein wenig davon spüren, welche rituelle Bedeutung das Tanzen hatte, ja, und auch, welch unkontrollierbares Element dem Tanz innewohnt. So wie „in den Mai getanzt" wird, wird auch im Herbst zu den Ernte- und Weinfesten kräftig getanzt, dass der Dielenboden bebt. Die bunten Röcke fliegen wie die Herbstblätter durch die Luft, die Füße stampfen und tanzen Rhythmen wie das Wettergrollen, Tänzer*innen bewegen sich wie der Wind.

Für mich ist Tanzen heute vor allem ein Ausdruck der Freude. Freude über meinen Körper, über mein Leben, darüber, wie ich geschaffen bin. Ich kann mich spüren in der Bewegung, im Fühlen. Tanzen ist Spüren und Sichhingeben. Vor allem erst einmal sich selbst gegenüber. Denn wer kennt nicht auch das leicht peinliche Gefühl, sich beim ersten Tanzversuch erst einmal nicht bewegen zu können? Und erst mit der Zeit – oder mit geschlossenen Augen oder ganz allein – sich richtig zu trauen, sich so zu bewegen, wie es einem zumute ist, und nicht wie Schritte oder Coolness es vorgeben würden. Den eigenen Rhythmus finden, den eigenen Beat. Tanzen ist auch Gebet. Dein Körper kann ausdrücken, was gefühlt werden will, wofür es manchmal keine Worte gibt.

Tanze für dich allein deinen persönlichen Erntetanz oder dein Gebet: im Wald, wo dich keiner sieht. Musik auf den Ohren oder mit der Musik und dem Rhythmus des Waldes. Tanze dein Seelengefühl: Blues oder Grunge, Pop oder Folk. Vielleicht erlebst du eine Überraschung.

Ja, das hat etwas Wildes, Ungezähmtes, Unberechenbares. Der Körper will etwas ausdrücken. Und ich persönlich glaube, dass das auch nötig ist und guttut.

Die berühmte Tänzerin und Choreografin Pina Bausch hat ihren Tänzer*innen immer wieder zugerufen: „Tanzt! Tanzt! Sonst sind wir verloren!" Ich finde, sie hat durchaus recht.

DIY: Blättertanz

Immer wenn ich im Herbst sehe, wie der Wind durch die Äste fährt und die bunten Blätter mit sich nimmt, muss ich an ein Lied denken, das ich während meiner Grundschulzeit gelernt habe: „Ihr Blätter, wollt ihr tanzen?"

Ich mag den Gedanken, dass der Wind Blatt um Blatt pflückt und zum Tanze führt. Wenn er sich legt, schweben sie sacht hinunter, bis sie vor mir auf dem Boden liegen: gelb, rot, braun und grün, manchmal auch mehrfarbig. Dann hebe ich die schönsten auf, wie ich es schon als Kind tat, nehme sie mit nach Hause, lege sie zwischen dicke Lagen Zeitungspapier und beschwere das Ganze am Schluss mit einem Bücherstapel. Nach ein paar Tagen ist die bunte Blätterpracht getrocknet und kann zu Herbstdeko verarbeitet werden.

Lassen wir die Blätter doch zu Hause einfach weitertanzen! Als Mobile oder Herbstschnüre über der Heizung aufgehängt, bewegen sie sich durch die warme, nach oben steigende Luft wie im Wind. Wurden die Blätter vorher in Bienenwachs getaucht, duften sie noch dazu wunderbar nach Honig.

Herbstmobile und Herbstschnüre

Material:

- Für ein Herbstmobile nimmst du dir auf deinem nächsten Waldspaziergang einen schönen Ast mit nach Hause.
- Und alles, was du bei deinem Spaziergang an herbstlichem Material in der Natur findest: Neben bunten Blättern zum Beispiel Kastanien, Eicheln, Bucheckern, Hagebutten, Beerenzweige usw.
- Außerdem brauchst du Bienenwachspastillen oder Kerzenreste

Anleitung:

1. In die Kastanien und Eicheln bohrst du mit dem Kastanienbohrer Löcher, durch die sich Paketschnur fädeln lässt.
2. Möchtest du deine Blätter konservieren, schmilzt du jetzt im Wasserbad das Bienenwachs.
3. Dafür kannst du Bienenwachspastillen kaufen oder alte Kerzen schmelzen.
4. Tauche die Blätter nacheinander komplett in das flüssige Wachs ein, lass sie kurz abtropfen und dann auf einem ausgebreiteten Backpapier gut trocknen.
5. Gestalte nun je nach Breite des Astes drei bis fünf Schnüre, indem du abwechselnd Blätter, Kastanien und dein sonstiges Naturmaterial an die Paketschnur bindest.

6. Zum Schluss befestigst du die Herbstschnüre nacheinander am Ast. Achte dabei auf die unterschiedlichen Längen und die Balance des Mobiles.
7. Jetzt kannst du das fertige Herbstmobile über der Heizung an die Decke hängen.

Hast du noch Naturmaterial übrig, lassen sich auch einzelne Schnüre gestalten. Sie sehen hübsch aus, wenn du sie ins Fenster hängst oder über dem Jahreszeitentisch anbringst.

Impuls: Zu neuen Ufern aufbrechen

Das laute Balzgepiepe der Vögel ist schon lange verstummt. Die Jungvögel sind flugfähig und können sich selbst versorgen. Die Brutsaison ist vorbei, und die Vögel bereiten sich auf den Herbst vor. Rund 250 Vogelarten brüten in Mitteleuropa und ziehen ihre Jungen hier auf. Davon sind ca. die Hälfte Zugvögel, das heißt, sie verlassen uns im Herbst, um in wärmeren Regionen der Erde zu überwintern. Den Anfang machen klammheimlich und meistens nachts die, die die längsten Wege vor sich haben: der Pirol, der Kuckuck, die Nachtigall und der Weißstorch in Richtung afrikanischer Kontinent. Es folgen viele weitere, auch Greife wie der Rotmilan gehören zu den Zugvögeln. Mit Kranich und Graugans, Star und Hausrotschwanz machen sich am Ende des Herbstes auch die letzten Zugvögel von Europa auf, um ihr Winterquartier im Süden einzunehmen. Es gehört zu den großen Naturwundern, dass sich die Vögel finden, Fluggruppen bilden, Routen fliegen, sich orientieren können am Magnetfeld und an Sternen, dass diese Vogelzüge Hunderte oder sogar Tausende Kilometer am Stück solidarisch und kraftschonend unterwegs sein können.

Das zu beobachten, erinnert mich an eine großartige Performance, die sich kein Mensch ausdenken kann. Und wenn ich den Vögeln zuschaue, dann stimmt mich das ein auf den Herbst und auf meine inneren Herbstprozesse.

Die große Reise der Zugvögel hat begonnen. Und damit auch meine Reise ins Überwintern, zu dem, was mich auch in Dunkelheit und Kälte hält. Was mich von innen her wärmt und mir Kraft gibt, wenn es eine lange Strecke zu bewältigen gibt.

Die Zugvögel können uns sehr viel lehren über unseren Weg mit uns selbst. Sie lehren uns, dass es eine Zeit des Nestbauens gibt und eine Zeit des Loslassens, Verlassens. Auch wenn diese Reise, zu der die Vögel antreten, voller Gefahren ist – für die Zugvögel ist sie die einzige Chance, zu überleben. Ihr Weg in den Süden ist ihr Weg des Überlebens.

Die Zugvögel lehren mich, dass es auch für mich eine Zeit im Jahr gibt, an der ich mich mit dem Thema des Loslassens beschäftigen darf. Die Zeit der Ernte ist längst eingeläutet. Ich darf schauen, welche Saat in diesem Jahr aufgegangen ist (ganz praktisch im Garten) oder welche Projekte aufgegangen sind, welche neuen Wege beschritten werden konnten. Oder eben auch nicht.

Wo habe ich mich gemüht und es ist nichts geworden? Wo muss ich mir auch eingestehen, dass es nichts werden wird, so wie ich es mir vorgestellt habe? Wo geht es bei mir ums Loslassen? Auch das sichert mein Überleben, meine seelische Gesundheit, und bereitet die Seelenpause des Winters in mir vor.

Es ist eine Zeit gekommen, in der es nicht mehr darum geht, Neues zu kreieren, sondern zu schauen und zu prüfen, was Bestand hat, um mich durch den Winter, die dunkle Jahreszeit, die karge Landschaft hindurchzubringen.

Ein Zugvogel fasziniert mich sehr. Es ist der Kranich. In diesen Tagen ziehen sie in kleinen Gruppen über mein Haus, und bei jedem Zug frage ich mich, ob es wohl der letzte in diesem Jahr gewesen sein wird. Einige versprengte Kranichpaare überwintern hier.

Der scheue Vogel ist mehr zu hören, als zu sehen, auch wenn er zu den größten Vögeln hierzulande gehört. Grau mit rotem Scheitel hört man ihn ab und zu laut tröten. Ihn zu beobachten ist ein faszinierendes Schauspiel (wozu man ein gutes Fernglas braucht, denn der Kranich reagiert empfindlich auf Störungen), besonders in der Balz oder eben im Vogelflug.

Und ist es nicht lustig, dass der lateinische Name für den Kranich „Grus grus" heißt? Ich muss immer grinsen, denn so klingt auch das Tröten manchmal am Himmel. Wie ein Gruß: „Überwintere! Ich komme wieder."

Naturerfahrung: Vogelzug

Schnapp dir einen Feldstecher oder ein anderes gutes Fernglas. Oder eine Lupe oder eine Brille, die für Weitsichtige geeignet ist. Irgendjemand wird dir sicher mit einem dieser Dinge aushelfen können.

Du kannst in die Natur gehen, ausgerüstet mit Decke und Thermoskanne, oder auch daheim im Liegestuhl im Garten oder auf dem Balkon oder im Bett am Fenster bleiben. Mach es dir gemütlich und schau in den Himmel.

Schauen. Beobachten. Lauschen. Den Geräuschen der Vögel lauschen. Vielleicht hörst du Kranichrufe oder Spechtgehämmer? Oder das Sirren eines Starenschwarms? Oder die sehnsuchtsvoll rufenden Graugänse?

Siehst du Vögel? Vielleicht kannst du sie zuordnen? Fliegen sie gemeinsam? Siehst du einen Vogelzug?

Vielleicht hast du ja ein Bestimmungsbuch. Oder eine App. Wenn es dich interessiert, informiere dich, welche Zugvögel bei dir in der Nähe unterwegs sind und ob es sich um Kurz-, Mittel- oder Langstreckenzieher handelt oder sogar um Standvögel? Was findest du über deine Gegend heraus? Vielleicht kannst du erkennen, welche der Zugvögel bei dir doch bleiben und mit dir überwintern?

Wenn du genau hinschaust, wirst du Wunder entdecken.

Ein paar Gedanken zum Schluss

Wie schön, dass du dich mit uns auf die Reise begeben und dir dabei eigene Zugänge zu Natur und Spiritualität erschlossen hast. Die Sehnsucht nach einer tieferen Verbindung zu unserer Erde und ihrem Schöpfergott ist groß. Es gibt verschiedene Zugangswege. Uns ist es mit diesem Buch ein Anliegen, sie miteinander zu verbinden. Weder ist es esoterisch, Gott in der Natur zu suchen, noch hat die Kirche sich alle vorchristlichen Rituale einverleibt, um sie für ihre Zwecke zu gebrauchen.

Du hast dich mit diesem Buch und uns auf den Weg gemacht, verschiedene Ansätze zu würdigen, Gemeinsamkeiten zu suchen, Schätze zu heben und alles miteinander in eine gute Verbindung zu bringen ganz im Sinne von „*Prüfet alles, und das Gute behaltet*“ (1. Brief des Paulus an die Thessalonicher 5,21).

So sei gesegnet auf deiner Reise in die Natur, zu dir selbst und zu dem Gott, der alles schuf.

Quellennachweis

S. Monika Minder …

S. 25 f. Aus: Marianne Williamson, *Rückkehr zur Liebe,* © 1993 Arkana Verlag, München, in der Penguin Random House Verlagsgruppe GmbH; Übersetzung: Susanne Kahn-Ackermann.

S. 51: Hermann Hesse, „Stufen".

S. 32: Hermann Hesse, „Im Nebel".

S. 67: Hermann Hesse, „Sprache des Frühlings".

Alle drei Texte aus: Hermann Hesse, Sämtliche Werke in 20 Bänden. Herausgegeben von Volker Michels. Band 10: Die Gedichte. © Suhrkamp Verlag Frankfurt am Main 2002. Alle Rechte bei und vorbehalten durch Suhrkamp Verlag Berlin.

S. 109: Aus: Astrid Lindgren, *Das entschwundene Land,* © Verlag Friedrich Oetinger, Hamburg, 1977.

Abdruck mit freundlicher Genehmigung der Rechteinhaber.

Bibelzitate folgen dem Text der Übersetzung *Neues Leben. Die Bibel.* © 2002 und 2006 SCM R.Brockhaus im SCM-Verlag GmbH & Co. KG, Witten.

Foto: Roland Baege

ANNE-MARIA APELT

Jahrgang 1981, arbeitet nach Stationen in Bildung und Beratung als Wildnispädagogin, Prozessbegleitung mit Hilfe von Naturritualen, Visionssuche. Sie berät Menschen in deren persönlichen Entwicklungen mithilfe der Natur. Sie lebt im schönen Spreewald in einer Gemeinschaft und liebt die wilde, wunderbare wie kraftvolle Natur.

Foto: privat

NICOLE SCHWEIGER

Jahrgang 1975, lebt mit ihrer Familie in der Nähe von Nürnberg. Die Sozial- und Montessori-Pädagogin unterrichtet Elementarpädagogik an einer Berufsfachschule. Es ist ihr ein Anliegen, die alten Schätze des Christentums wie Meditation, Pilgern und Schöpfungsspiritualität wieder neu zu entdecken und in unsere heutige Zeit zu integrieren.

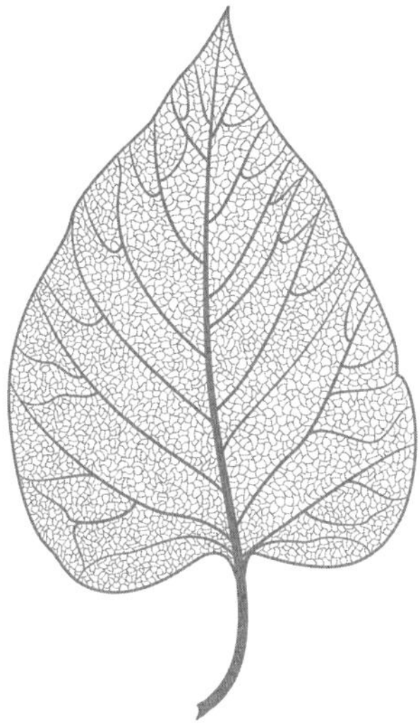

Wenn du genau hinschaust,
wirst du Wunder entdecken.

Der Verlag weist ausdrücklich darauf hin, dass im Text enthaltene externe Links vom Verlag nur bis zum Zeitpunkt der Buchveröffentlichung eingesehen werden konnten. Auf spätere Änderungen hat der Verlag keinerlei Einfluss. Eine Haftung des Verlages ist daher ausgeschlossen.

Dillerberg 1, 35614 Aßlar

1. Auflage September 2022
Best.-Nr. 835349
ISBN 978-3-86334-349-1

Cover- und Innengestaltung: Mareike Schaaf
Druck und Verarbeitung: Finidr s.r.o.
Printed in Czech Republic

www.adeo-verlag.de